PUBLICATIONS

DE L'ASSOCIATION HISTORIQUE DE L'AFRIQUE DU NORD

AF253667

# FOUILLES DE GOURAYA

## SÉPULTURES PUNIQUES DE LA COTE ALGÉRIENNE

PAR

### Stéphane GSELL

PARIS

ERNEST LEROUX, ÉDITEUR

28, RUE BONAPARTE, VIᵉ

1903

# PUBLICATIONS

DE

# L'ASSOCIATION HISTORIQUE

POUR L'ÉTUDE DE L'AFRIQUE DU NORD

IV

FOUILLES DE GOURAYA

ANGERS, IMPRIMERIE ORIENTALE A. BURDIN ET C$^{ie}$, RUE GARNIER, 4.

STÉPHANE GSELL


# FOUILLES DE GOURAYA

## (SÉPULTURES PUNIQUES DE LA COTE ALGÉRIENNE)

### EXÉCUTÉES ET PUBLIÉES

#### SOUS LES AUSPICES

### DE L'ASSOCIATION HISTORIQUE

#### POUR L'ÉTUDE DE L'AFRIQUE DU NORD

PARIS

ERNEST LEROUX, ÉDITEUR

28, RUE BONAPARTE, VIe

1903

Phototypie Berthaud, Paris.

# FOUILLES DE GOURAYA

Au point de vue des antiquités phéniciennes, un des points les plus intéressants de la côte de l'Algérie est Gouraya[1], à trente-trois kilomètres à l'ouest de Cherchel.

Le promontoire, aux flancs abrupts, sur lequel se dresse aujourd'hui le marabout solitaire de Sidi Brahim, était autrefois couronné par une petite ville : le routier romain qu'on appelle l'*Itinéraire d'Antonin* et une inscription latine, trouvée en ce lieu[2], nous apprennent qu'elle se nommait *Gunugu*, mot d'origine libyque ou phénicienne. L'empereur Auguste y établit une colonie de vétérans[3]. Gunugu ne paraît pas s'être beaucoup développée sous la domination romaine : elle était trop voisine de la capitale de la province, *Caesarea*. Plus tard, après la conquête de l'Afrique du Nord par les musulmans, elle s'appela Brechk. Elle subsista en effet au moyen âge, et les auteurs arabes la mentionnent à plusieurs reprises, dans les récits des guerres presque incessantes qui troublaient alors le Maghreb : elle changea souvent de maîtres à cette époque[4]. Un écrivain

1. Le nom de Gouraya, sous lequel les archéologues désignent d'ordinaire ce site antique, appartient, à proprement parler, à un village situé à quatre kilomètres de là, à l'est.

2. *Comptes rendus de l'Académie des Inscriptions*, 1893, p. 20. Le texte porte seulement RES P G, mais l'indication de l'Itinéraire d'Antonin prouve qu'il faut lire *res p(ublica) G(unugitanorum)*.

3. Sur la ville romaine de Gunugu, voir Cat., *Essai sur la province de Maurétanie Césarienne*, p. 138-139.

4. Voir Mercier, *Histoire de l'Afrique septentrionale*, II, p. 238, 252, 298, 305 ; Basset, *Journal asiatique*, 1884, II, p. 529, 520, 531.

du x° siècle, **Ibn Haucal**, décrit ainsi Brechk[1] : « Elle est entourée d'une muraille, maintenant en ruines, et possède des eaux courantes et quelques bons puits. On y trouve beaucoup de fruits délicieux, des raisins et de beaux coings à queue, semblables à de petites courges. La plupart des habitants sont des Berbères. Les abeilles y abondent, et on y recueille du miel, tant dans les arbres que dans les ruches. Les richesses principales du peuple consistent en bétail, mais ils possèdent aussi des champs où ils récoltent assez de froment pour leur consommation ». Brechk fut prise en 1144 par la flotte de Roger II, roi de Sicile[2]. A la fin du xv° siècle, des Mores, chassés d'Andalousie, vinrent s'y réfugier; par leur activité, ils semblent avoir un peu ranimé cette ville, tombée en décadence[3]. La plupart des habitants faisaient des toiles; d'autres entretenaient de beaux vergers — les figues de Brechk passaient pour les meilleures de l'Afrique[4]; — d'autres enfin préféraient le métier de corsaire. En 1610, les chevaliers de Saint-Étienne fondirent sur ce nid de pirates et le détruisirent : Brechk ne s'est pas relevée depuis[5].

Les ruines, romaines ou berbères, sont fort peu distinctes[6] (fig. 1) : on voit bien d'innombrables débris de poteries communes et de carreaux d'argile, des amas de moellons et quelques pierres de taille, gisant au milieu d'épais fourrés de lentisques; mais aucun édifice n'est resté debout. Le sanctuaire de Sidi Brahim a été construit avec des matériaux antiques : nous y avons remarqué un tronçon de colonne en marbre. D'énormes massifs de blo-

1. Traduction De Slane, dans le *Journal asiatique*, 1842, I, p. 184.
2. Edrisi, *Géographie*, traduction Jaubert, I, p. 235.
3. De Grammont, *Histoire d'Alger sous la domination turque*, p. 3.
4. Léon l'Africain, *Description de l'Afrique*, traduction Temporal, I, p. 252. Marmol, *L'Afrique*, traduction Perrot d'Ablancourt, II, p. 391.
5. De Grammont, *l. c.*, p. 150.
6. Sur ces ruines, voir Cat, *Bulletin de correspondance africaine*, I, 1882, p. 130-133; Gsell, *Monuments antiques de l'Algérie*, I, p. 230, 257, 262, 279.

cage, épars sur le sol, représentent sans doute des thermes, dont les vastes salles étaient couvertes de voûtes ; au-dessous, une grande citerne est encore intacte. Un autre réservoir romain, plus petit, subsiste auprès du marabout. Un aqueduc, dont on reconnaît les vestiges en plusieurs endroits, amenait à Gunugu l'eau de l'oued Melah, qui coule à quatre kilomètres de là, à l'ouest. Le port se trouvait au pied du promontoire, au couchant, dans une anse

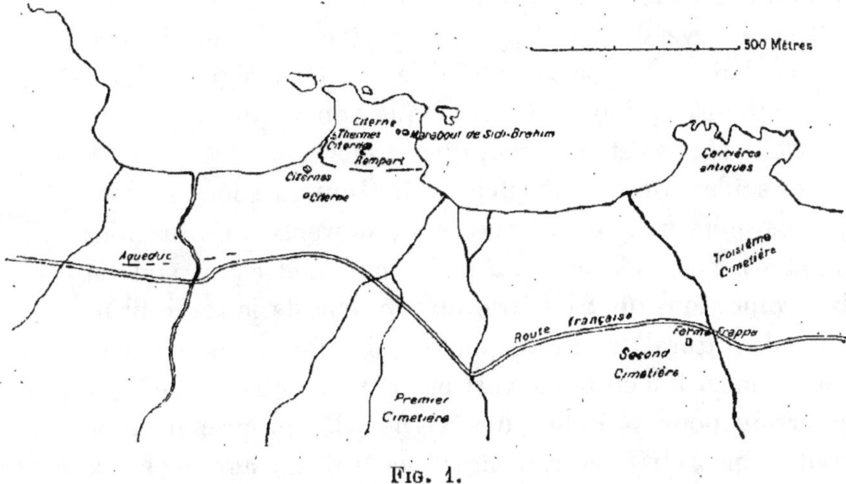


Fig. 1.

étroite ; quelques traces d'une jetée s'y distinguent avec peine.

L'isthme qui unit le promontoire à la terre était barré par une muraille, de fort mauvaise construction, en briques et en moellons, reliés avec de la boue ou un méchant mortier ; on y a employé aussi des blocs de grand appareil qui proviennent certainement de bâtisses plus anciennes. Il est probable que ce rempart n'est pas antique ; il a dû être élevé par les Berbères de Brechk[1].

1. Le rempart de Brechk dut être plus d'une fois remanié. Ibn Haucal (passage cité plus haut) parle d'une muraille « maintenant en ruines ». Au milieu du XIIᵉ siècle, Edrisi dit de Brechk (*l. c.*) : « C'est une petite ville bâtie sur une colline et entourée d'une muraille de terre. « Près de quatre cents ans plus tard, Léon l'Africain s'exprime ainsi (traduction Temporal) : « En

La ville romaine était plus étendue. En dehors du rempart, nous rencontrons encore des citernes, des pierres de taille et, au sud-est, quelques fûts et deux grossiers chapiteaux d'ordre ionique décadent, qui semblent avoir appartenu primitivement à une église ou à une chapelle chrétienne, du v<sup>e</sup> siècle environ : à cette époque, Gunugu était un évêché[1].

Des carrières étaient exploitées à l'extrémité du promontoire qui porte la nécropole où nous avons fait des fouilles et dont nous allons parler tout à l'heure.

Tous ces vestiges ont peu d'importance. Aucun d'entre eux ne date de la période phénicienne. On a signalé, il est vrai, une inscription de Gouraya que l'on a crue punique[2] ; mais elle n'a pas été publiée, que je sache.

Les seuls monuments curieux de Gunugu sont les nombreux tombeaux que les anciens y ont creusés. Un premier cimetière s'étend à environ trois cents mètres au sud est du promontoire de Sidi Brahim, au delà de la route française du littoral, sur une pente qui s'incline doucement vers la mer. Il a été découvert en 1899, lorsqu'on a défoncé le terrain pour y établir des vignes. Le propriétaire, ne voulant pas être retardé dans ses travaux agricoles, se garda bien d'ébruiter la chose et continua ses plantations. Les caveaux de cette nécropole n'ont donc pas été fouillés et aujourd'hui toute exploration est devenue impossible.

Plus loin, dans la direction de l'est, un autre cimetière occupe une partie de l'ancienne concession Bonnefoi, qui appartient aujourd'hui aux frères Frappa. Depuis une quinzaine d'années, on y a ouvert un assez grand nombre de tombes, soit pour en tirer des bibelots, qui ont été

---

cette cité se voient encore plusieurs vestiges et apparences d'édifices et fabriques des Romains, desquelles ont été faites et dressées les murailles ».

1. En 484, le roi vandale Hunéric condamna à l'exil un évêque catholique de ce lieu, en même temps qu'un grand nombre de ses collègues.

2. *Comptes rendus de l'Académie des Inscriptions*, 1887, p. 245. Conf. Gauckler, *Musée de Cherchel*, p. 12.{

vendus et dispersés, soit dans un but scientifique. MM. de Cardaillac [1] et Waille [2] ont reconnu l'intérêt archéologique que présentent ces sépultures, et, en 1891-1892, MM. Gauckler et Wierzejski en ont fouillé environ vingt-cinq ; le produit de cette fructueuse campagne a été partagé entre le Musée d'Alger [3] et celui de Cherchel [4].

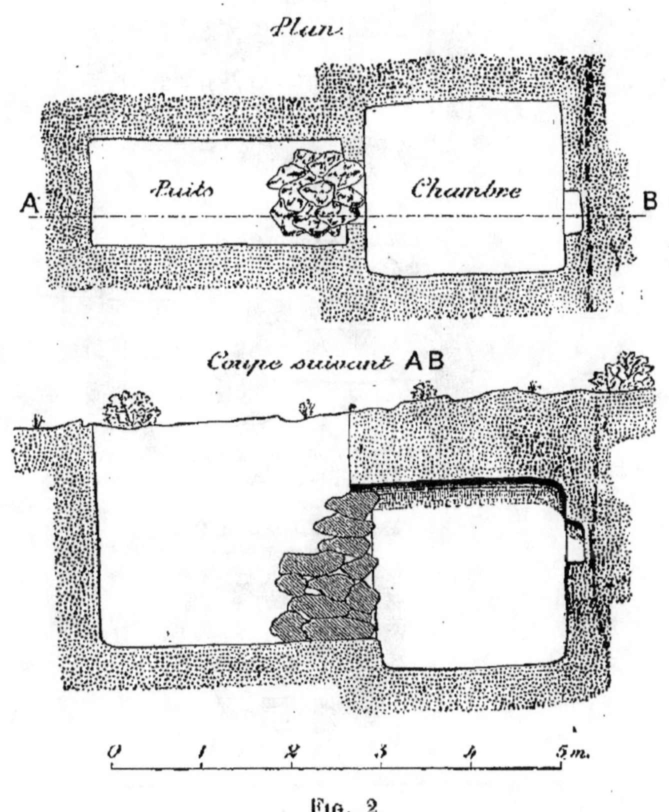


Fig. 2.

Il y a enfin une troisième nécropole, sur un promontoire situé à environ six cents mètres à l'est de la presqu'île qui portait la ville. Quelques tombes montrent leurs ori-

1. *Bulletin de géographie et d'archéologie de la Société d'Oran*, 1890, p. 247-256.
2. *Bulletin archéologique du Comité des travaux scientifiques*, 1891, p. XLIII.
3. Marye et Wierzejski, *Catalogue du Musée d'Alger*, p. 35-37.
4. Gauckler, *Musée de Cherchel*, p. 72-75.

fices béants : les unes ont été ouvertes en 1891 par M. Gauckler[1], les autres ont été déblayées il y a fort longtemps déjà[2]. L'une d'elles est appelée dans le pays la

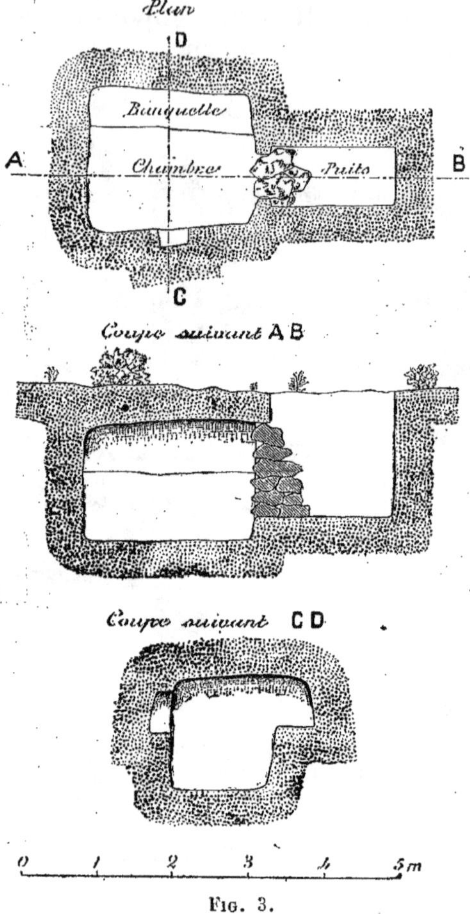



Fig. 3.

maison du charbonnier : pendant plusieurs années, elle a servi de demeure à un troglodyte espagnol, venu dans la

1. Au nombre de sept (renseignement que je dois à M. Gauckler).
2. Signalées par Cat, *Bull. de corresp. africaine*, I. p. 132.

région de Gouraya pour y faire du charbon. C'est en cet endroit que **M. Wierzejski**, conservateur du Musée d'Alger,

et moi avons entrepris des fouilles, au mois de février 1900. Ces recherches ont été faites aux frais de l'Association historique de l'Afrique du Nord[1]. Interrompues trop tôt par des circonstances indépendantes de notre volonté[2], elles ont cependant donné des résultats utiles : nous espérons qu'elles pourront être reprises plus tard. Les nombreux objets que nous avons trouvés ont été déposés au Musée d'Alger.

Sauf une, les sépultures sont toutes des caveaux creusés dans le tuf, selon la coutume phénicienne. On ne constate aucune règle d'orientation. Quant à la disposition de ces

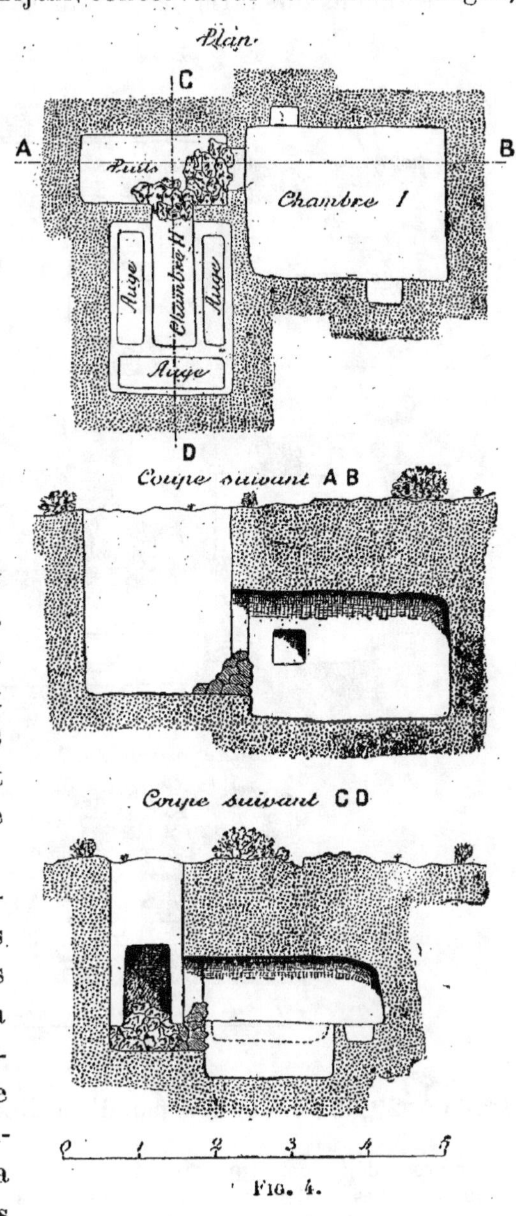


Fig. 4.

1. Nous y avons consacré le reliquat de la somme de mille francs qui nous avait été allouée en 1899, pour les fouilles de Bénian.

2. Nous n'avons ouvert que six hypogées, à un ou deux caveaux.

tombes, les plans et les coupes données figures 2-5 nous dispenseront d'une description détaillée[1]. Un puits rectangulaire, de dimensions variables, s'enfonce à une profondeur

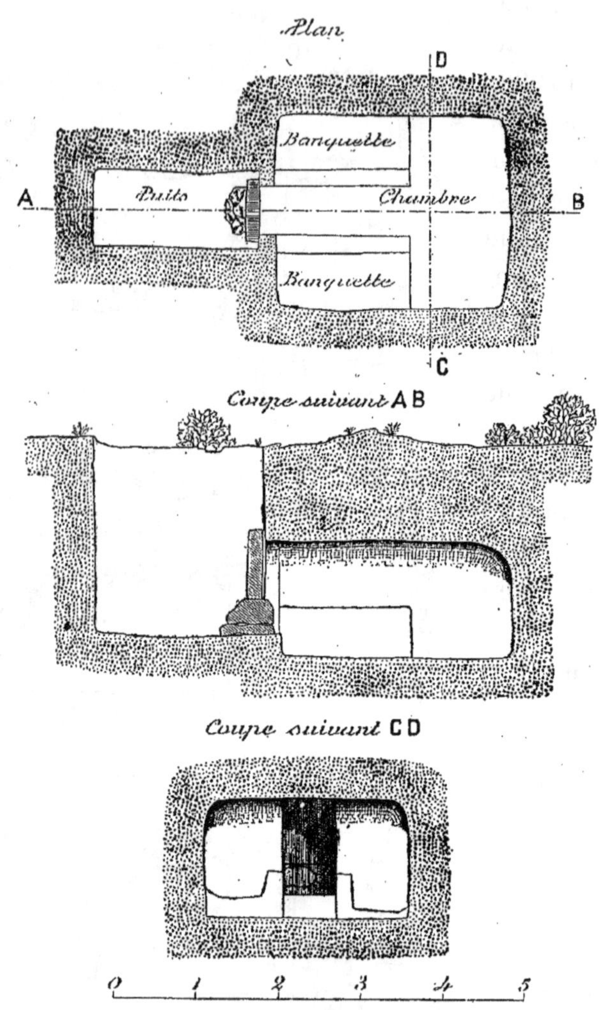


Fig. 5.

de 1m,80 à 2m,50 ; il n'offre pas d'escalier. Quand il n'y a

1. Nous avons déjà donné quelques indications sur les dispositions des tombeaux puniques de Gouraya dans notre ouvrage intitulé : *Les monuments antiques de l'Algérie*, I, p. 56-58.

qu'un caveau, l'entrée est ménagée sur un des côtés étroits du puits ; elle était fermée, le plus souvent, par une petite muraille en moellons, placés sans symétrie entre les montants et en avant de la baie. Une fois cependant (fig. 5), une dalle dressée constituait une partie de la clôture [1]. La chambre funéraire mesure 2ᵐ,20—3 mètres de longueur, sur 2 mètres—2ᵐ,50 de largeur ; la hauteur est de 1ᵐ,60—2ᵐ,20. Les parois sont taillées d'une manière assez irrégulière ; le plafond est à peu près plat. D'ordinaire, des niches, hautes de 0ᵐ,40 à 0ᵐ,50, sont pratiquées soit dans la paroi opposée à la porte, soit dans les parois latérales.

Dans la plupart des caveaux, les restes des morts étaient simplement déposés sur le sol, que l'on avait tapissé d'un lit de sable. Dans d'autres, on avait ménagé une ou plusieurs banquettes, planes ou creusées d'une auge plus ou moins profonde. La tombe reproduite figure 5 offre deux couches à rebord élevé, qui, au lieu de présenter la forme d'une cuve, sont ouvertes du côté du fond.

Assez souvent, le puits donne accès à un second caveau, d'une époque postérieure. Tantôt — c'est le cas le plus fréquent — il s'ouvre vis-à-vis du premier, tantôt il est établi sur une des faces longues du puits.

Chaque chambre contient un certain nombre de morts : dans l'une de celles que nous avons fouillées [2], il y en avait au moins vingt [3]. Il est probable qu'après les ensevelissements on recomblait les puits, avec de la terre et des moellons.

---

1. Les dalles de fermeture sont plus fréquentes dans le cimetière fouillé par MM. Gauckler et Wierzejski (Gauckler, *l. c.*, p. 72). Ce mode de clôture est peut-être moins ancien que l'autre. D'ailleurs, M. de Cardaillac (*l. c.*, p. 249 et 254) a aussi rencontré dans ce second cimetière des fermetures à pierres superposées.

2. Tombe 4 (fig. 4), caveau situé sur un des petits côtés du puits.

3. Dans un caveau du second cimetière, on a trouvé, paraît-il, près de cent têtes ; cette tombe ne renfermait pas d'autres ossements.

Nous avons distingué trois rites funéraires :

1° Le mort a été simplement allongé sur le sol. C'est le mode de sépulture le plus rare [1].

2° Des ossements, ne présentant aucune trace de feu et rassemblés sans ordre, sont déposés en tas par terre, sur les banquettes, dans les auges, ou bien enfermés dans un vase d'argile [2] ; quelquefois, une moitié de grande amphore, brisée dans le sens de la hauteur, fait office de récipient [3]. Nous avons reconnu, à plusieurs reprises, que ces restes humains, réunis pêle-mêle, ont appartenu à divers individus [4]. On pourrait se demander si ces morts n'ont pas été tout d'abord ensevelis suivant le premier rite : plus tard, leurs ossements auraient été confondus et entassés, de manière à faire de la place à de nouveaux venus. Mais une telle hypothèse serait, croyons-nous, inexacte. En effet, dans plus d'une tombe, ces amas d'ossements, loin d'être relégués à l'écart, occupent le centre de la salle ou le milieu des banquettes, et, dans certains caveaux, on ne constate pas d'autre rite funéraire que celui dont nous parlons ici. Il faut donc admettre, semble-t-il, qu'avant d'être enfouis dans les chambres que nous avons fouillées, les corps étaient soumis au décharnement, soit dans une sépulture provisoire, soit en plein air : les oiseaux de proie

---

1. M. de Cardaillac (*l. c.*, p. 250) signale un squelette étendu face contre terre, les genoux infléchis. Il y a là, sans doute, un souvenir de l'attitude repliée que les indigènes de l'Afrique septentrionale donnaient souvent à leurs morts.

2. Des vases contenant des ossements non calcinés et sans connexion squelettique ont été trouvés dans la nécropole punique de Saint-Louis à Carthage (*Revue archéologique*, 1889, I, p. 166). Des découvertes semblables ont été faites à Collo.

3. A Carthage, on a également trouvé des fragments d'amphores avec des ossements non brûlés. Berger, *Musée Lavigerie de Saint-Louis de Carthage*, I, p. 157.

4. A Collo, une auge, creusée dans une banquette, renfermait dans sa partie inférieure un lit d'ossements, déposés sans aucun ordre (*Bull. archéol. du Comité*, 1895, p. 365).

se chargeaient alors de cette besogne [1]. Quand les chairs avaient disparu, on recueillait les os et on les portait dans la sépulture définitive [2]. Il n'est pas vraisemblable qu'après la mort d'un individu, on ait attendu patiemment celle de deux, trois, quatre de ses parents, afin de pouvoir mélanger leurs ossements décharnés : nous supposons donc que nos caveaux ne sont pas des tombes de famille : on y réunissait sans doute des gens de Gunugu décédés à peu près en même temps [3].

La population à sang mêlé des villes puniques du littoral africain a probablement emprunté ce rite funéraire aux indigènes. En effet, tandis qu'il n'existe pas dans les cimetières les plus anciens de Carthage, cité proprement phénicienne, nous le retrouvons dans des tombeaux en pierres sèches, dolmens ou tumulus, construits par les autochtones [4]. Nous devons ajouter qu'il a été usité dans bien d'autres pays, par exemple en Espagne, en Sicile, en Égypte, pour nous borner ici aux régions les plus voisines du Maghreb. Il persista fort longtemps dans cette dernière contrée, où il était encore pratiqué par des Berbères en pleine époque romaine.

3° D'autres ossements, entassés comme les précédents ou enfermés dans des récipients, sont plus ou moins carboni-

---

1. Le poète Silius Italicus l'affirme pour l'Espagne (*Puniques*, XIII, 471) :

*Tellure — ut perhibent, is mos antiquus — Hibera*
*exanima obscoenus consumit corpora vultur.*

On sait qu'il en était de même chez les peuples iraniens.

2. On a également constaté avec certitude le rite du décharnement dans les nécropoles liby-phéniciennes trouvées à Mahédia et à El Alia, sur la côte orientale de la Tunisie (pour Mahédia, voir *Revue archéologique*, 1884, II, p. 170 et *Comptes rendus de l'Acad. des Inscriptions*, 1896, p. 224 ; pour El Alia, *Bull. arch. du Comité*, 1898, p. 345, 349).

3. Parfois on n'ensevelissait pas tous les os des squelettes : voir plus haut (p. 13, n. 3), la mention d'un caveau qui n'aurait contenu que des têtes, au nombre d'une centaine. On trouve de même des squelettes très incomplets dans des tombeaux indigènes de l'Afrique du Nord (par exemple *Recueil de la Société archéologique de Constantine*, XXIV, 1886-7, p. 106 et 123).

4. Voir Gsell, *Monuments antiques de l'Algérie*, I, p. 9.

sés. Trois de ces récipients, placés côte à côte dans une même tombe[1], sont des caisses quadrangulaires en plomb[2] : chacune d'elles contenait des os calcinés, appartenant à plusieurs individus[3].

Primitivement, ni les Libyens ni les Phéniciens ne brûlaient leurs morts. L'incinération, à peu près inconnue à Carthage, au viie et au vi[o] siècle, s'y introduisit peut-être sous l'influence des Grecs de Sicile[4] ; les fouilles du P. Delattre ont prouvé qu'elle y était d'un usage fréquent au iiie siècle et au ii[o][5]. Les indigènes accueillirent aussi ce rite[6], mais avec beaucoup moins d'empressement. Il est à croire qu'à Gunugu la combustion

1. Tombe 2 (fig. 2).

2. Elles mesurent respectivement 0$^m$,71 de long, 0$^m$,24 de large, 0$^m$,24 de hauteur ; — 0$^m$,59 $\times$ 0$^m$,26 $\times$ 0$^m$,22 ; — 0$^m$,65 $\times$ 0$^m$,25 $\times$ 0$^m$,20. Elles sont faites d'une feuille qui a été découpée en croix ; les branches ont été redressées de manière à former les quatre parois de la cuve et reliées entre elles par des baguettes semi-cylindriques, formant des sortes d'ourlets.

3. Des caisses de plomb analogues, remplies d'os brûlés, ont été découvertes dans la nécropole punique de Sousse (*Bull. arch. du Comité*, 1888, p. 153). On en a trouvé aussi plusieurs à Cherchel, mais elles sont de date plus récente (Gauckler, *Musée de Cherchel*, p. 67-69 ; *Revue africaine*, I, 1856, p. 443). Pour d'autres ossuaires en plomb de l'époque romaine, recueillis en Afrique, voir *Revue africaine*, I, 1856, p. 139, 307-308 ; *Recueil de Constantine*, X, 1866, p. 38 et XXV, 1888-9, p. 431 ; *Mélanges de l'École de Rome*, X, 1890, p. 423 ; *Bull. arch. du Comité*, 1894, p. 323 ; Doublet, *Musée d'Alger*, p. 53-54 ; Doublet et Gauckler, *Musée de Constantine*, p. 51 ; La Blanchère et Gauckler, *Catalogue du Musée Alaoui*, p. 125.

4. L'historien Justin (XIX, 1) raconte que le roi de Perse Darius envoya (vers l'année 500) une ambassade aux Carthaginois, pour leur ordonner, entre autres choses, d'incinérer leurs morts, au lieu de les ensevelir : « *mortuorum corpora cremare potius quam terra obruere a rege iubebantur.* » Les habitants de Carthage se seraient conformés à cette prescription. Mais les Perses regardaient l'incinération des cadavres comme une souillure pour le feu, qu'ils adoraient : il est donc probable que le texte de Justin est altéré et dit exactement le contraire de la vérité. On doit corriger sans doute, avec plusieurs éditeurs : « *mortuorum corpora terra potius obruere quam cremare.* » Si cette ambassade de Darius est un fait historique, il faut admettre qu'elle apporta aux Carthaginois la défense, et non l'ordre de pratiquer le rite de l'incinération, qui commençait peut-être à cette époque à pénétrer parmi eux, par suite de leurs fréquentes relations avec les Grecs.

5. Conf. Berger, *Musée Lavigerie*, I, p. 158-159.

6. *Recueil de Constantine*, XVI, 1873-1874, p. 337.

sommaire qu'on faisait subir à un certain nombre de morts avait simplement pour objet de hâter le décharnement. Ce n'était, en quelque sorte, qu'une variante du rite précédent. Non loin des tombeaux que nous décrivons, on voit encore, au-dessus de la mer, les vestiges d'un four crématoire, de forme arrondie, creusé dans le roc.

Outre les caveaux précédés de puits, nous avons découvert dans ce cimetière une sépulture d'un type particulier. C'est un simple trou rectangulaire, taillé dans le tuf. On y avait déposé une petite caisse en pierre, fermée par un couvercle en dos d'âne (fig. 6)[1] : elle renfermait les ossements calcinés d'un adulte et d'un enfant[2]. Un coffre exactement semblable a été recueilli dans une chambre de la nécropole punique de Collo[3].

Suivant une coutume qui se retrouve chez presque tous les peuples de l'antiquité, on plaçait auprès des morts un mobilier funéraire, témoignage de la croyance primitive à

Fig. 6.

une existence matérielle au delà de la vie terrestre. Quelques poteries contiennent encore des restes de volatiles[4]; d'autres

1. Long. (en haut) 0m,46, larg. 0m,31, haut. (avec le couvercle) 0m,48.
2. Ce coffre était accompagné d'une aiguière et de deux plats.
3. *Bull. arch. du Comité*, 1895, p. 363. On en a signalé d'analogues à Constantine : *Annuaire de la Société archéologique de Constantine*, 1860-1, p. 91 (sépultures antérieures à l'époque romaine); Doublet et Gauckler *Musée de Constantine*, p. 38. Le P. Delattre et M. Gauckler en ont découvert un grand nombre dans des tombes puniques de Carthage : *Comptes rendus de l'Acad. des Inscriptions*, 1898, p. 96, 211, 552, 620, 647 ; 1899, p. 95, 310; 1900, p. 87 et 490; *Bulletin d'Oran* (fascicule spécial du vingtième anniversaire), 1898, p. 147; Delattre, *La nécropole punique de Saint-Louis*, p 77; Berger, *Musée Lavigerie*, I, p. 76. On en a trouvé aussi à Pantellaria, île soumise à la domination carthaginoise : Orsi, *Monumenti antichi dell' Accademia dei Lincei*, IX, p. 525, fig. 57. — Conf., en Afrique, pour l'époque romaine, *Revue archéologique*, 1890, I, p. 25 (à Bulla Regia).
4. Dans une des tombes qu'il a fouillées en 1892, M. Wierzejski a trouvé un plat contenant un squelette de poisson.

devaient être remplies d'aliments, qui ont disparu sans laisser aucune trace ; il y avait peut-être de l'eau ou d'autres liquides dans certaines cruches et amphores[1]. Les niches abritaient un ou deux vases, plats ou aiguières[2].

Dans diverses nécropoles, soit en Italie, soit à Carthage, on a reconnu que des règles assez fixes présidaient au choix de ce mobilier. Ainsi, au cimetière de Douïmès, à Carthage (vii<sup>e</sup>-vi<sup>e</sup> siècles), chaque corps était le plus souvent accom-

FIG. 7.

pagné de deux pots ventrus à double oreillon, de deux petits vases à verser, d'une lampe plate, à bords retroussés, et d'une assiette, sur laquelle la lampe reposait d'ordinaire[3]. Il a été impossible de faire des constatations analogues à Gouraya : les morts étant généralement pêle mêle, on ne saurait déterminer avec précision la part de mobilier qui revient à chacun d'entre eux.

Les poteries sont presque toujours fort nombreuses :

1. Les indigènes de la région de Gouraya déposent encore aujourd'hui auprès de leurs morts des figues et une galette.

2. Certaines de ces niches étaient vides, mais les poteries qu'elles contenaient ont pu être précipitées sur le sol par des tremblements de terre.

3. *Comptes rendus de l'Acad. des Inscriptions*, 1895, p. 296.

dans une tombe, nous en avons trouvé près de cent. On peut les diviser en deux catégories : celles qui ont été faites

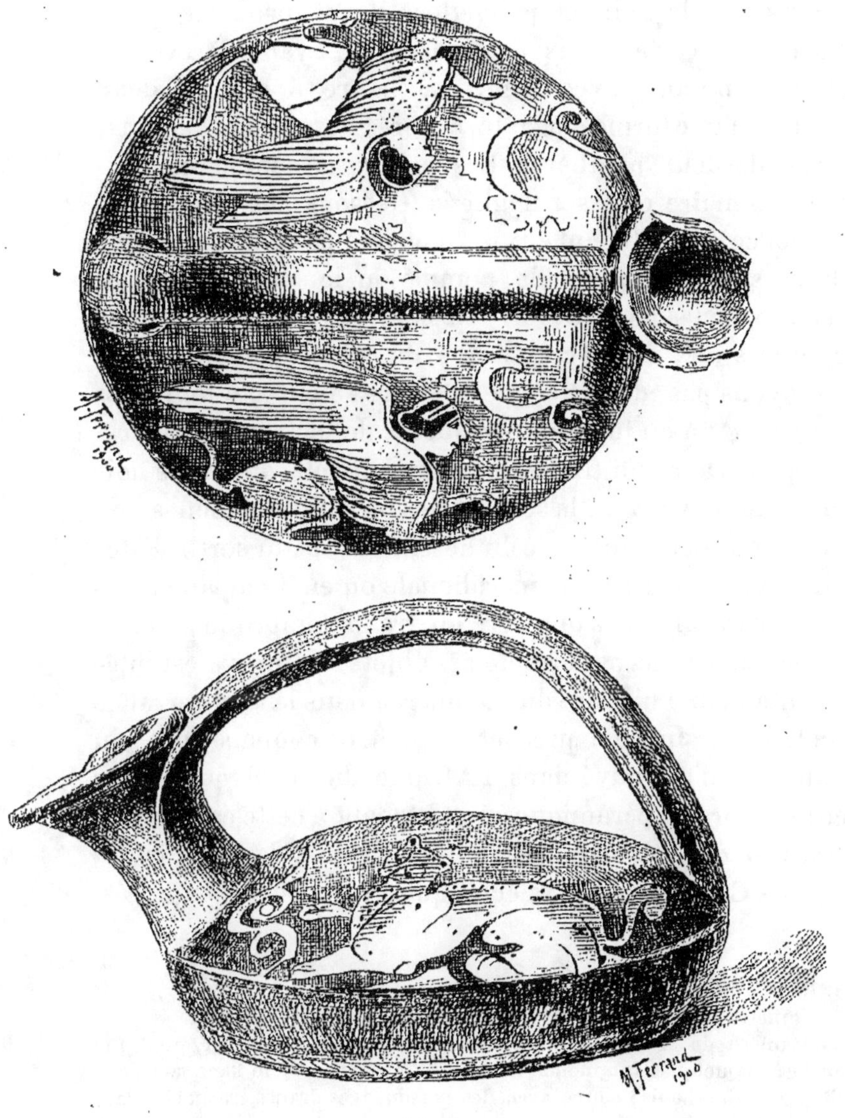



dans des pays étrangers, surtout en Italie, et celles qui sont de fabrication punique ou indigène.

Parmi les premières, nous signalerons d'abord trois vases peints, à figures rouges sur fond noir. La tasse reproduite

figure 7[1] offre de chaque côté l'image d'un satyre nu, qui
présente une corbeille, probablement chargée de fruits, à
une femme drapée; celle-ci tient un miroir. Sous les anses,
se dressent de grandes palmettes. Il est probable qu'on
attachait un certain prix à ce vase, car, ayant été brisé, il
fut raccommodé avec soin. La figure 8 montre deux
flacons[2], d'une forme élégante, décorés l'un de deux sphinx,
l'autre de deux panthères. Ces peintures sont d'une facture sommaire et assez négligée. Ce sont des œuvres de
décadence, appartenant aux derniers temps de la céramique
à figures rouges, qui brilla, comme on le sait, d'un si vif
éclat à Athènes pendant le ve siècle. Nous les attribuerions
volontiers aux dernières années du siècle suivant. Nous
ne croyons pas, du reste, que nos vases aient été fabriqués
en Attique : à en juger par la qualité de la terre, qui n'est
pas épurée avec un très grand soin, par celle du vernis noir
qui n'a ni le lustre ni la solidité des produits d'Athènes, par
la lourdeur et la gaucherie du dessin, ils ont dû sortir d'ateliers établis dans l'Italie méridionale ou en Campanie. Les
nécropoles italiennes ont livré un grand nombre de poteries
analogues. La découverte de ces objets à Gouraya est inté-
ressante pour l'histoire du commerce dans la Méditerranée
occidentale. Jusqu'à présent, à notre connaissance du
moins, on n'a trouvé dans l'Afrique du Nord qu'un très
petit nombre de céramiques appartenant à cette catégorie[3].
Il est probable qu'on en recueillera d'autres dans les cimetières de Carthage du ive siècle, qui sont encore inexplorés.

1. Haut. 0[m],14. Tombe 5.
2. Diamètre 0[m],095. Tombes 1 et 6.
3. Aiguière de Sousse : *Recueil de Constantine* XXVI, 1890-1, p. 302 et
planche. — Quelques fragments trouvés à Carthage, sur le flanc sud de la
colline de Saint-Louis; coupe avec des personnages drapés, recueillie dans
la nécropole de Sainte-Monique. — D'autres vases peints, découverts par le
P. Delattre dans cette dernière nécropole, sont probablement aussi de fabrication italienne, mais ils ne se rattachent pas à la même classe de céramiques que la tasse et les deux flacons de Gouraya.

Un écrit géographique grec, compilé vers 335, mentionne[1] de la céramique attique parmi les importations des Phéniciens sur la côte de l'Océan, au sud du Maroc. Il ne s'agit sans doute pas de vases fabriqués à Athènes : depuis la désastreuse expédition de Sicile, cette ville s'était vu fermer presque entièrement les marchés de l'Occident. Peut-être, par ce terme « céramique attique », désignait-on les imitations faites dans les ateliers italiens, de même que, chez les modernes, « le mot faïence, qui doit son étymologie à un nom de ville, sert à désigner des produits qui se fabriquent partout[2] ».

D'autres poteries, moins anciennes que ces vases peints, paraissent aussi provenir d'Italie. Nos figures 9 et 10 en donnent quelques spécimens[3]. Ce sont des flacons, d'un

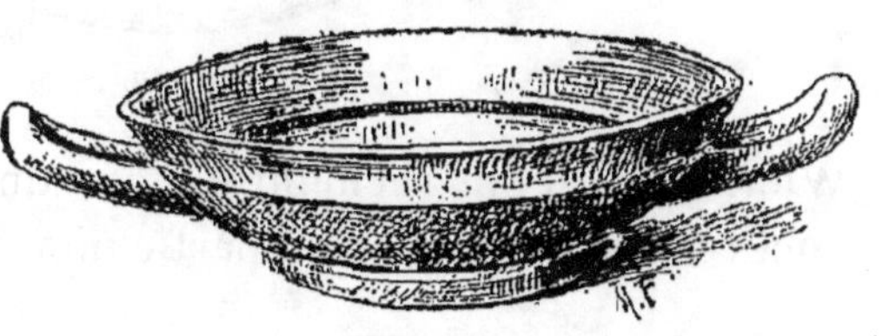

FIG. 9.

galbe fort élégant, à bec trilobé, à panse allongée, des tasses, des coupes plus ou moins profondes, à deux anses, des plats, des écuelles. L'argile, bistre ou rouge, d'une assez grande finesse, est recouverte d'un bon vernis noir. Parfois, quelques ornements sont gravés au trait, ou im-

---

1. Périple dit de Scylax, dans Muller, *Geographi graeci minores*, I, p. 94, § 112 : « κέραμον Ἀττικόν ».

2. Dumont, *Inscriptions céramiques de la Grèce*, p. 26.

3. Fig. 9 : le flacon mesure 0$^m$,22 de hauteur, la coupe 0$^m$,16 de diamètre. — Fig. 10 : diamètre 0$^m$,24.

primés à l'aide d'estampilles ; voir la figure 10, où les palmettes et les zones d'écailles sont estampillées[1], tandis que
les autres motifs sont tracés à la pointe[2]. C'était surtout en
Campanie[3] que l'on fabriquait, au IIIe et au IIe siècle avant
notre ère, ces poteries vernissées, dont les formes légères
et les brillants reflets imitent les vases métalliques. Le
commerce les portait en Afrique : on en a trouvé beaucoup
dans la nécropole de Sainte-Monique à Carthage[4], et dans
celle de Collo. A Gouraya même, MM. Gauckler et

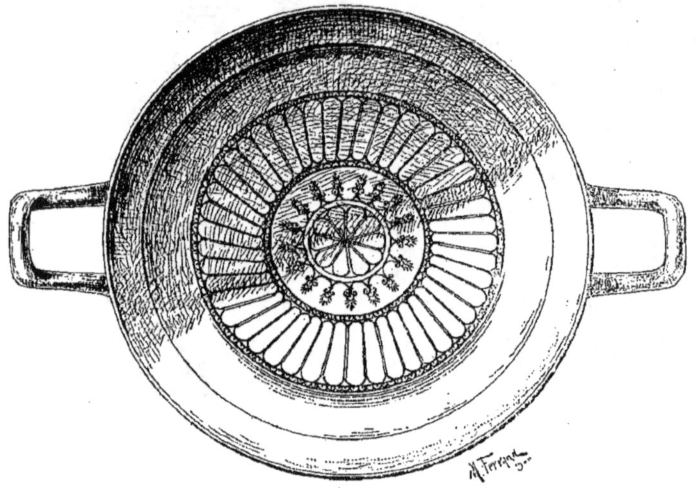

FIG. 10.

Wierzejski en ont recueilli un certain nombre, parmi lesquelles il faut signaler en particulier des pots ressemblant

1. Sur d'autres tasses, il y a des rosaces, groupées de différentes ma-
nières.

2. Un de ces vases (une coupe sans anses de forme conique) offre à l'intérieur un cercle blanc peint sur le vernis. M. Gauckler (*Musée de Cherchel*,
p. 73) signale, dans le second cimetière, une coupe ornée sur son pourtour
d'une guirlande de feuilles de vigne blanches et rouges, peintes de la même
manière. Conf. des poteries de Carthage (*C. r. Acad. Inscriptions*, 1898,
p. 554 et 622).

3. Il est très probable que des vases semblables se fabriquaient aussi dans
d'autres pays de la Méditerranée : on n'est pas encore bien fixé sur ce
point.

4. Voir Berger, *Musée Lavigerie*, I, pl. XXIV.

à des théières : le dessus forme un godet, percé de trous
pour filtrer quelque liquide; le bec s'ouvre au milieu d'un
mufle de lion[1].

Les relations des Phéniciens de l'Occident avec les
peuples italiens remontent à une assez haute antiquité. En
Étrurie et dans le Latium, des tombes du vii⁰ siècle contiennent des coupes d'argent, des bijoux, des flacons en
pâte de verre, des objets en ivoire, etc., qui sont de fabrication phénicienne : on a supposé, sans en donner, il est
vrai, de preuves péremptoires, que certains de ces produits ont été faits à Carthage. D'autre part, des vases en
terre noire, dite *bucchero*, ont été trouvés à Carthage, dans
des sépultures du vi⁰ siècle. Ils ressemblent exactement à
ceux qui se fabriquaient alors en Étrurie et il est possible
qu'ils viennent de ce pays; peut-être ont-ils été importés
par l'intermédiaire de Syracuse, où l'on a découvert des
*buccheri* tout à fait semblables[2]. Aristote fait allusion[3] à
des conventions commerciales entre les Carthaginois et les
Étrusques, et Polybe cite[4] plusieurs traités, conclus entre
Carthage et Rome : le plus ancien remonte à la fin du
vi⁰ siècle[5], les autres appartiennent au iv⁰ et au début du
iii⁰. Les deux états s'interdisaient mutuellement des actes
de piraterie et s'engageaient à punir ceux des leurs qui se
rendraient coupables de ces méfaits; Carthage garantissait
aux Romains et à leurs alliés la protection des autorités
dans les ports de son empire dont elle consentait à leur

1. Voir les dessins *apud* Gauckler, *l. c.*, p. 74 et Cardaillac, *l. c.*, p. 251,
fig. 6 ; p. 255, fig. 7. On en a trouvé de semblables à Collo (*Bull. arch. Comité*, 1895, p. 348). — Sur ces pots, qui sont peut-être des ustensiles de
toilette, voir Pottier, dans le *Dictionnaire des antiquités*, s. v. *guttus*.

2. Il faut dire que la question d'origine de ces buccheri de Carthage et de
Syracuse est encore très obscure : conf. Pottier, *Catalogue des vases peints
du Louvre*, p. 324 et suiv.

3. *Politique*, III, 5, 10 et 11.

4. Livre III, 22-25.

5. Cette date, indiquée par Polybe (avec une erreur manifeste dans le dé-
tail), est fort contestée.

ouvrir l'accès. Plus tard, au temps de la guerre des mercenaires (241-237 avant J.-C.), et au début de la troisième guerre punique (149), des textes mentionnent des marchands romains en Afrique[1]. Ajoutons que, dans une tombe ouverte dernièrement à Carthage, le **P.** Delattre a trouvé une inscription en langue étrusque[2].

Mais ces négociants, qui importaient librement les produits de l'Italie à Carthage[3], ne paraissent pas avoir été autorisés à fréquenter le littoral algérien. Nous lisons la clause suivante dans le second traité conclu avec Rome, traité qui date peut-être de l'année 348 : « En Sardaigne et en Libye, aucun Romain ne fera de commerce, ni ne fondera de ville, ni n'abordera, si ce n'est pour prendre des vivres ou pour réparer son vaisseau. » On peut en inférer qu'à cette époque, les Romains, leurs sujets et leurs alliés étaient exclus de tous les ports africains, à l'exception de Carthage[4]. C'était à Carthage même qu'ils écoulaient leurs marchandises; c'était sur des navires carthaginois qu'elles parvenaient à Gunugu, à Chullu et dans les autres ports des côtes algérienne et marocaine.

Les Carthaginois ne se contentèrent pas de garder en Afrique le monopole de la vente des produits italiens : ils se mirent à en fabriquer de semblables. On trouve, dans les tombes de Gouraya et dans celles de Collo, des tasses, des assiettes, des écuelles, qui imitent les formes des céramiques campaniennes. Mais elles sont d'une technique bien inférieure : la terre est impure; le vernis, mal fixé, s'écaille. Nous y verrions volontiers des contrefaçons puniques.

1. Polybe, 1, 83, 7 et XXXVI, 5, 5. Appien, *Libyca*, 5 et 92. Zonaras, IX, 26 (p. 282-283 de l'édition de Bonn).

2. *C. r. Acad. Inscriptions*, 1899, p. 96 et planche à la p. 104. *Mélanges de l'École française de Rome*, XX, 1900, p. 91.

3. Naturellement, nous pouvons supposer aussi que des commerçants carthaginois allaient les chercher sur les côtes italiennes.

4. Il n'en était peut-être pas de même à une date antérieure : du moins, c'est ce qu'on pourrait conclure du texte du premier traité. Mais nous ne voulons pas nous engager ici dans la discussion de ce document, sur l'interprétation duquel les savants sont loin d'être d'accord.

Souvent ces vases vernissés, aussi bien ceux dont nous
venons de parler que ceux qui sont certainement d'origine

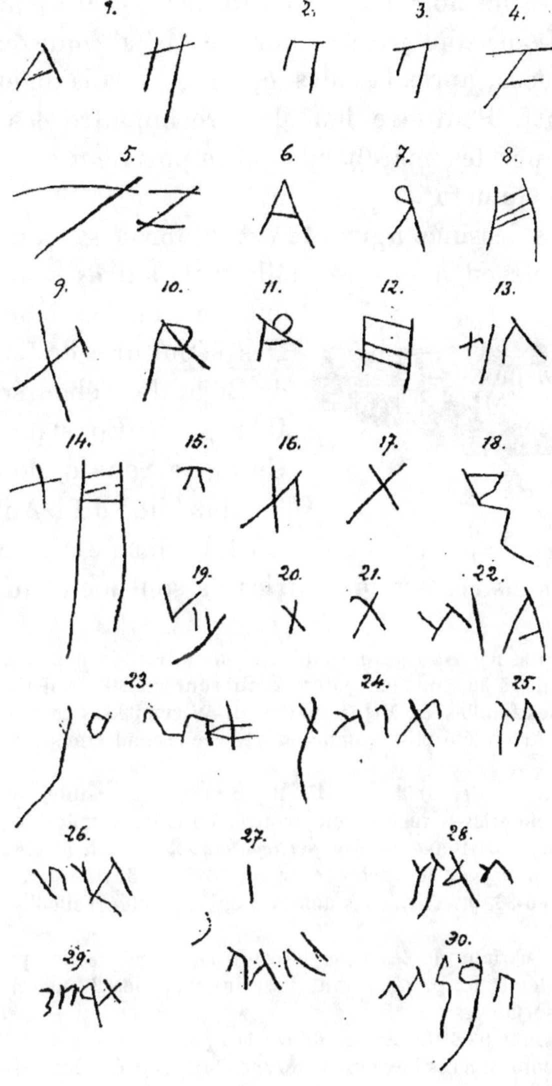

Fig. 11.

étrangère, présentent, sur le revers ou sous le pied[1], une

1. Il est rare que l'inscription soit tracée sur la partie intérieure du vase.

ou plusieurs lettres, gravées à la pointe, en une écriture intermédiaire entre l'écriture monumentale, dite punique, et l'écriture cursive, dite néo-punique. Conf. le tableau dressé figure 11 [1]. Des inscriptions analogues se voient sur des poteries à vernis noir, trouvées dans les caveaux phéniciens de Collo [2]. Ce ne sont pas des marques de fabrique, car elles ont été tracées, après la cuisson, sur le vernis qu'elles endommagent [3]. Peut-être faut-il y reconnaître des signes griffonnés par les marchands qui importaient ces objets à Chullu et à Gunugu [4].

La lampe dessinée figure 12 est de forme grecque : avec celle-ci, nous en avons recueilli trois autres semblables, entières ou en morceaux [5].

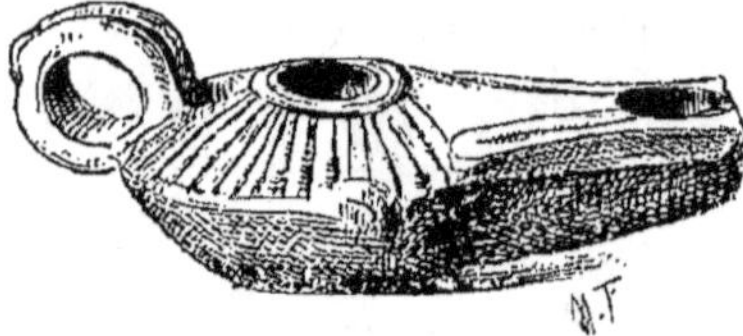

Fig. 12.

Des sépultures de Carthage, de Béja, de Téboursouk, de Bône, de Constantine, de Collo, de Sousse, de Lemta, de Mahédia, d'El Alia, etc., en ont livré de pareilles [6]. On en fabriqua de même type à Carthage, mais ces produits africains sont bien plus gros-

1. Les marques n[os] 1-4 figurent sur des vases trouvés dans nos fouilles, les marques n[os] 5-30, sur des poteries qui sont au Musée d'Alger et qui proviennent des fouilles de MM. Gauckler et Wierzejski. Ces vases à *graffites* semblent avoir été plus nombreux dans le second cimetière que dans le nôtre.

2. *Bull. arch. Comité*, 1895 pl. XIV. Il y a aussi des graffites sur certains fragments de poteries à vernis noir, trouvés dans les fouilles de la colline de Saint-Louis, à Carthage (*Revue archéologique*, 1889, I, p. 168; Delattre, *Les tombeaux puniques de Carthage*, Lyon, 1890, p. 37; Berger, *Musée Lavigerie*, I, p. 60-66, pl. VIII). Ces débris n'ont pas été recueillis dans des tombeaux.

3. D'ailleurs, certains de ces vases ne sont pas de fabrication punique.

4. M. Gauckler (*l. c.*, p. 74) y voit aussi des marques de marchands carthaginois importateurs.

5. Dans la tombe n° 2. Le dessus de ces lampes est orné soit de baguettes rayonnantes, comme dans l'exemplaire reproduit, soit de plusieurs zones de petites bossettes.

6. Voir, par exemple, Papier, *Lettres sur Hippone*, pl. XXXI ; La Blanchère et Gauckler, *Catalogue du Musée Alaoui*, pl. XXXIV ; *Revue archéologique*, 1887, I, pl. IV, fig. 12.

siers que les nôtres, qui doivent venir de quelque centre hellénique, peut-être de Rhodes[1].

D'autres poteries, et ce sont de beaucoup les plus nombreuses, ont été certainement faites dans des ateliers puniques. A cette catégorie de céramiques appartiennent de grandes amphores ou jarres, des urnes massives, à une ou deux anses, dont quelques-unes ont servi d'ossuaires, des

Fig. 13.

aiguières à lèvres plates ou à bec trilobé, des flacons de types divers, des cruches, des fioles pour parfums, à col et souvent aussi à pied allongés, des bols, des plats, des assiettes, des soucoupes, des écuelles à bords évasés ou rentrants, etc. La terre est grossière, mêlée de beaucoup d'impuretés, de couleur jaunâtre ou rougeâtre; les formes sont généralement assez lourdes, les parois épaisses et souvent mal tournées; la surface n'est enduite d'aucun vernis. Si

_____

1. Des lampes de type analogue paraissent avoir été fabriquées aussi en Italie : voir *Annali dell' Instituto*, 1880, p. 325 et suiv.

certains vases imitent, plus ou moins maladroitement, les

FIG. 14.

produits grecs contemporains, d'autres offrent un aspect

archaïque, qui rappelle des poteries que les Grecs fabriquaient au VII° et au VI° siècle avant notre ère : cette

observation s'applique surtout aux aiguières à bord trilobé.
Nous sommes ici en présence d'une céramique vulgaire,

destinée aux gens pauvres. On se souciait médiocrement
de la perfectionner : pendant des siècles, les mêmes types
restèrent en usage; quelques-uns se perpétuèrent pendant

FIG. 16.

la domination romaine[1]; il en est même plusieurs que nous
retrouvons encore aujourd'hui dans les poteries des indigènes de Nabeul, en Tunisie[2].

1. *Mélanges de l'École de Rome*, XIV, 1894, p. 381, fig. 37, nos 1-11, 13,
15, 16, 35, 36.
2. La Blanchère et Gauckler, *Catalogue du Musée Alaoui*, p. 23

Nous ne donnerons pas ici le catalogue monotone et peu intéressant de ces vases puniques. Le lecteur se rendra compte de leur aspect, en examinant la planche I, les figures 13-15 où nous avons groupé, tombe par tombe, le mobilier funéraire de plusieurs caveaux, et la figure 16, où

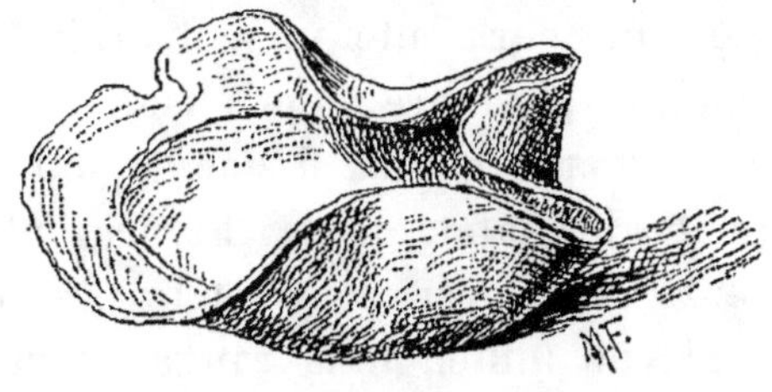

Fig. 17.

quelques spécimens sont reproduits à une échelle plus grande [1].

Nous mentionnerons particulièrement des vases biberons

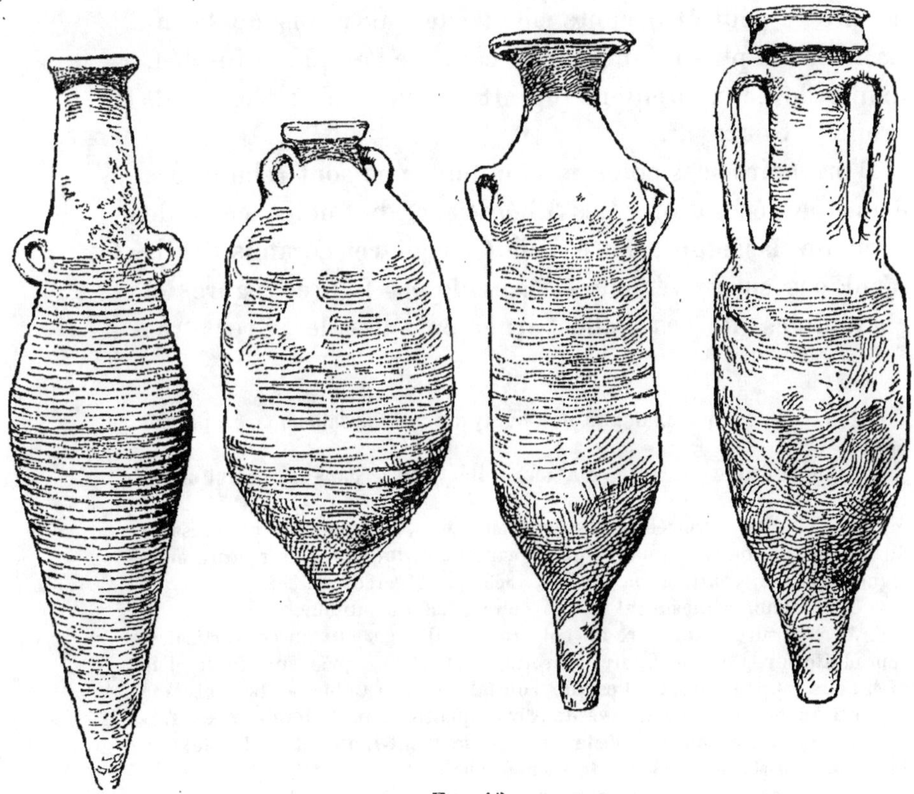

Fig. 18.

(fig. 16, en haut, à droite), pareils à ceux que l'on a

1. Voir aussi ceux qu'a publiés M. Gauckler, *Musée de Cherchel*, p. 74, en bas.

recueillis à Collo, et surtout à Carthage, dans des tombes du IIIe et du IIe siècle ; un flacon ressemblant à un anneau gonflé, que surmonte un col droit (fig. 16, en haut, à gauche), un ossuaire sans anse, qui, chose assez remarquable, évoque par sa forme le souvenir des urnes dans lesquelles les habitants de l'Étrurie enfermaient les cendres de leurs morts vers le Xe et le IXe siècle avant notre ère (fig. 14, au milieu de la rangée d'en haut) ; une lampe à bords retroussés et pincés en deux endroits[1], d'un type que l'on rencontre dans presque toutes les nécropoles puniques (fig. 17) ; enfin les amphores de la figure 18[2]. Ces grandes jarres étaient d'ordinaire placées derrière la porte du caveau, contre la paroi, ou bien dans les angles de la chambre funéraire[3] : peut-être contenaient-elles autrefois de l'eau. La forme la plus fréquente est celle de l'amphore fuselée, munie de deux oreillons (fig. 18, à gauche)[4] : elle paraît propre à Gouraya[5].

D'ordinaire, ces poteries communes ne sont rehaussées d'aucune décoration. **Les Phéniciens, du moins ceux de l'époque classique**[6], ont été de très piètres céramistes. Ils n'ont pas su égayer leurs vases de ces figures légères et charmantes, de ces riches ornements que les Grecs tra-

---

1. Conf. une lampe analogue de Gouraya, *apud* Cardaillac, *l. c.*, p. 250, fig. 5.

2. Celle de droite (au Musée d'Alger) a été trouvée dans le second cimetière.

3. Dans un des hypogées du second cimetière, deux amphores dressées faisaient partie de la fermeture du caveau. Conf. un mode de clôture analogue à Sousse : *Bull. arch. Comité*, 1888, p. 151 ; 1889, p. 382.

4. Ces amphores mesurent en moyenne 1m,20 de hauteur.

5. Au contraire, l'amphore au col droit et allongé, aux anses verticales, reproduite sur la même figure, à droite, a dû être copiée sur un modèle grec : elle rappelle assez celles que l'on fabriquait à Cnide. — Le troisième type d'amphore (on en a trouvé deux exemplaires dans la tombe 2) est fréquent à Carthage, au IIe siècle (Musées de Saint-Louis et du Bardo). On le retrouve à Malte, ainsi que le second type.

6. J'indique ici cette restriction parce que quelques archéologues sont enclins à leur attribuer les belles poteries de la classe dite mycénienne.

çaient d'un pinceau sûr et rapide. Tout au plus quelques
aiguières et quelques urnes présentent-elles, sur la panse,
des cercles bruns ou noirs, et, à la gorge, de maigres palmettes, de petites croix, des filets ou des zigzags verticaux,
des rangées de pétales, un ruban ondulé, une branche cou-

FIG. 19.

chée, aux feuilles symétriques et sans vie (voir les exemplaires dessinés fig. 16). Des assiettes sont décorées de
quelques cercles concentriques, peints en noir ou en brun.

Notre figure 19 reproduit un objet curieux[1], le seul de
cette espèce que nous ayons découvert dans nos fouilles.
C'est un réchaud à charbon. On plaçait le combustible
dans le large godet qui s'évase à la partie supérieure et qui

_______
1. Haut. 0<sup>m</sup>,24. Trouvé dans la tombe 2.

est percé de trous pour la chute des cendres et pour l'aé-
rage ; les grandes fentes d'en bas servaient aussi à la ven-
tilation. Les trois éperons qui se détachent des bords du
godet et convergent vers le centre portaient un récipient[1],
peut-être une coupe ou une marmite de bronze[2]. Ce réchaud
est décoré de plusieurs séries de petites pastilles rondes,
collées sur les parois avec de la barbotine : on y a estam-
pillé des rosaces ou des palmettes Des débris d'ustensiles
analogues ont été trouvés dans diverses contrées de la
Méditerranée[3], et en particulier à Carthage[4]. Ce sont des
produits grecs, qui datent du IIe siècle avant J.-C. Ils
furent copiés par des céramistes puniques. Le Musée du
Bardo possède un réchaud de ce type, qui, à en juger par
la qualité de la terre, est sans doute de fabrication africaine[5]. Il en est de même du nôtre. L'argile est identique
à celle de la plupart des vases puniques déposés dans nos
caveaux, et la décoration à pastilles estampillées se retrouve sur des aiguières de Collo, à têtes de femme, qui
sont certainement des céramiques phéniciennes[6].

Il est impossible de dire, à l'heure actuelle, où ont été
façonnées toutes ces poteries communes. Les amphores
fuselées sont peut-être sorties d'ateliers locaux, puisque,
jusqu'à présent du moins, on n'en a pas retrouvé de pareilles

1. Conf. la marmite en argile qui surmonte le réchaud intact publié dans
le *Jahrbuch des archäologischen Instituts*, XII, 1897, p. 161.

2. Des fragments d'un vase de bronze ont été trouvés auprès du réchaud.

3. Voir Conze et Winter dans le *Jahrbuch des arch. Instituts*, V, 1890,
p. 118-141 ; XII, 1897, p. 160-167. Fort peu d'exemplaires sont demeurés
intacts.

4. *Jahrbuch*, V, p. 121, n° 102 ; p. 128, n° 799 ; p. 131, n° 849 et pl. II.
Delattre, *C. r. Acad. Inscriptions*, 1899, p. 564. Berger, *Musée Lavigerie*,
p. 120-121 ; pl. XVIII, fig. 4-7.

5. La Blanchère et Gauckler, *Catalogue du Musée Alaoui*, p. 232, n° 167
et pl. XLII. D'après une indication donnée dans le *Bull. arch. du Comité*
(1894, p. 387), ce réchaud aurait été trouvé dans une tombe punique, avec
un autre objet semblable.

6. Nous parlerons plus loin de ces aiguières.

ailleurs. Pour d'autres vases, des exemplaires semblables aux nôtres ont été recueillis à Collo et à Carthage, dans les cimetières de la colline de Saint-Louis, de Sainte-Monique et de l'Odéon. Il y a tout lieu de croire que cette céramique à bon marché se fabriquait en divers lieux.

Quelques vases, qui paraissent cependant puniques, sont d'une technique plus soignée que ceux dont il vient d'être question. Je citerai, entre autres, des gobelets en forme de tronc de cône, aux parois très minces[1], et un petit pot, en terre rouge fine, à bords crénelés (fig. 20) : la panse est ornée de deux zones de disques estampillés[2].

Pour achever cette revue de la céramique, nous signalerons trois écuelles en terre brune ou rougeâtre, d'une extrême grossièreté. Elles ont été faites à la main et cuites à feu libre. Elles ressem-

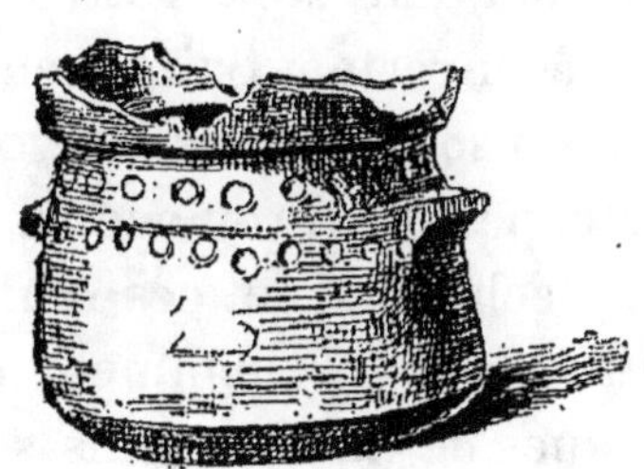

Fig. 20.

blent aux poteries que l'on trouve dans les dolmens et dans les tumulus, et il faut certainement y voir des produits indigènes. On en a découvert aussi plusieurs dans la nécropole punique de Collo.

Dans presque toutes les tombes, il y avait des œufs d'autruche. Malheureusement, à l'exception d'un seul[3], ces fragiles objets ont tous été brisés par les tremblements de terre qui, à diverses époques, ont bouleversé le sol de Gouraya. Tantôt on avait percé l'œuf, à sa partie supérieure, d'un orifice circulaire, afin d'en faire un vase; tantôt des segments plus ou moins grands avaient été découpés, de

---

1. Tombe 2 (fig. 2). L'un de ces gobelets, qui est intact, se voit sur la pl. I. (rangée d'en bas).

2. Conf. un vase de même forme trouvé à Constantine : il est encore muni de son couvercle, dont la prise figure une sorte de fleuron, cerné de feuilles dressées (Doublet et Gauckler, *Musée de Constantine*, p. 110 et pl. XII, fig. 5). Voir aussi La Blanchère et Gauckler, *Catalogue du Musée Alaoui*, p. 232, n<sup>os</sup> 168 et 169.

3. Voir fig. 15.

manière à former des coupes, dans lesquelles on mettait d'ordinaire du fard. Les parois des vases portent souvent des traces d'ornements peints en rouge ou en noir : bandes et filets circulaires, séries de triangles remplis par des diagonales croisées, palmettes. En outre, deux de ces œufs sont décorés d'une branche sculptée. Dans leurs fouilles, MM. Gauckler et Wierzejski en ont trouvé un sur lequel sont peints deux autruches et deux sphinx ailés [1].

Les Carthaginois pouvaient facilement se procurer des œufs d'autruche. Ces oiseaux abondaient dans le Maghreb à l'époque antique : Polybe l'atteste [2], et une autruche est figurée sur une stèle votive, du 1er siècle environ de notre ère, découverte à Saint-Leu, sur le littoral de l'Oranie [3]. Il n'y a pas soixante ans, on voyait encore des autruches dans les steppes des provinces d'Oran et d'Alger [4]. Les Phéniciens recherchèrent ces œufs avec prédilection. On en rencontre assez fréquemment des débris dans les cimetières puniques de Carthage. Ils servaient de vases et de coupes, comme à Gunugu [5], et étaient ornés de peintures et de gravures [6], ou bien on les taillait en disques ou en croissants, sur lesquels on traçait des visages [7] : ces masques paraissent avoir été regardés comme des talismans, éloignant des morts les puissances malignes. En Espagne, dans la vallée

1. Gauckler, *Musée de Cherchel*, p. 73.
2. Livre XII, 3.
3. Doublet, *Musée d'Alger*, pl. VI, fig. 2.
4. *Bulletin de la Société de géographie de Paris*, XIV, 1893, p. 402. *Bull. arch. du Comité*, 1899, p. 441, n. 3.
5. Cet usage de faire des vases avec des œufs d'autruche se maintint à l'époque romaine : voir Pline le Naturaliste, X, 1.
6. Delattre, *Les tombeaux puniques de Carthage*, p. 84 et 90 ; *Nécropole punique de la colline de Saint-Louis*, p. 35 et 74 ; *C. r. Acad. Inscriptions*, 1894, p. 435. Berger, *Musée Lavigerie*, I, p. 86.
7. Delattre, *Les tombeaux puniques de Carthage*, p. 63 et 66 ; *Revue archéologique*, 1890, I, p. 13 et pl. I ; *Mémoires de la Société des Antiquaires de France*, LVI, p. 262, 286, 312, 320, 330 ; *C. r. Acad. Inscriptions*, 1899, p. 162 ; 1900, p. 492 ; *Nécropole voisine de Sainte-Monique*, 2e semestre des fouilles, p. 17, fig. 34. *Musée Lavigerie*, I, p. 87.

du Guadalquivir, des tombes des vii<sup>e</sup>-vi<sup>e</sup> siècles, renfermant de nombreux objets phéniciens, ont aussi livré quelques fragments d'œufs d'autruche, gravés ou peints [1]. Mais les plus célèbres sont ceux que l'on a retrouvés intacts à Vulci, en Étrurie, dans une sépulture qui datait à peu près de la fin du vii<sup>e</sup> siècle : ils sont couverts d'images représentant des personnages, des animaux divers, des ornements floraux et géométriques [2]. La plupart des archéologues les regardent comme des importations phéniciennes : il est pourtant permis de se demander s'ils n'ont pas été décorés par des Grecs d'Égypte ou d'Asie-Mineure [3].

Des coupes et peut-être aussi des aiguières en bronze avaient été déposées dans plusieurs caveaux de notre cimetière : nous n'en avons recueilli que de misérables débris.

La chambre qui contenait les trois ossuaires en plomb [4] était la plus riche de celles que nous avons fouillées. C'est là que nous avons découvert le réchaud reproduit figure 19. Plusieurs coffres en bois, avec armature et anneaux en fer et en bronze, avaient été placés à côté ; mais naturellement il n'en reste plus aujourd'hui que des vestiges informes. La même sépulture nous a donné trois cassettes cylindriques en plomb, dont l'une est dessinée fig. 21 (en haut, à gauche) [5] ; à l'intérieur de chacune d'elles, il y avait une autre cassette, en plomb également, mais de forme tronconique (même figure, à droite) [6] : il est probable que c'étaient des boîtes à parfum [7]. De petits cylindres en os, de différents dia-

---

1. *Revue archéologique*, 1899, II, p. 247, 275, 380.
2. Perrot et Chipiez, *Histoire de l'art dans l'antiquité*, III, p. 855-861.
3. Conf. Pottier, *Catalogue des vases antiques du Louvre*, p. 313.
4. Tombe 2.
5. Diamètre 0<sup>m</sup>,095.
6. Diamètre 0<sup>m</sup>,07.
7. Dans le cimetière de Sainte-Monique, le P. Delattre a aussi trouvé des cassettes cylindriques en plomb : *C. r. Acad. Inscriptions*, 1898, p. 555 ; *Nécropole de Sainte-Monique*, 2<sup>e</sup> trimestre des fouilles, p. 8, fig. 14 ; 2<sup>e</sup> semestre, p. 17.

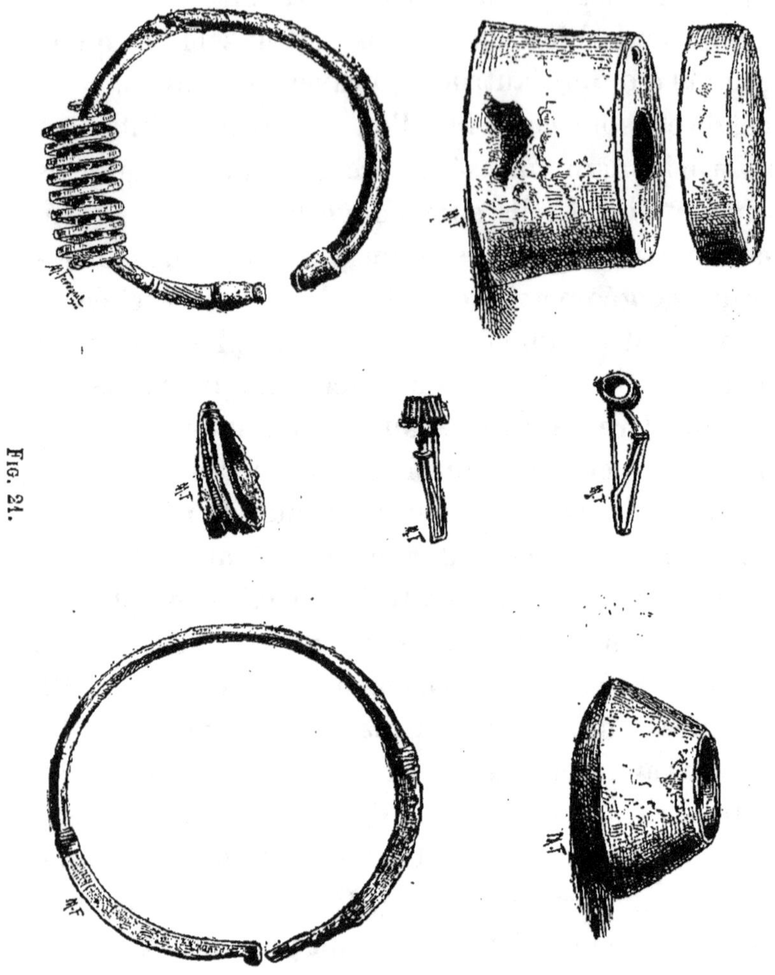



mètres, servaient de charnières à des cassettes de bois [1].

Auprès, gisaient divers objets de parure. C'était d'abord un anneau de bronze à plusieurs spires, revêtu d'une mince feuille d'or (fig. 24, en bas) [2]. Puis, deux fibules, en bronze aussi, à ressort bilatéral (voir la reproduc-

1. Conf. Babelon et Reinach, dans le *Bull. archéologique du Comité*, 1886, p. 27, fig. 10.
2. Diamètre $0^m,033$.

tion de l'une d'elles, même figure)[1]. Elles appartiennent au type que l'on appelle généralement type de la Tène[2], du nom d'une station gauloise, située en Suisse, sur le lac de Neufchâtel. Leur présence dans une tombe africaine sera peut-être de nature à inspirer quelques doutes à ceux qui considèrent les fibules de cette forme comme proprement gauloises[3]. Deux bracelets (en bronze) offrent deux formes différentes : l'un (fig. 24) pouvait être fermé par un crochet que l'on introduisait dans un œillet rectangulaire ; l'autre (même figure) restait ouvert : il se terminait par deux boutons coniques, motifs qui sont peut-être des déformations de têtes de serpent. Dans ce bracelet était insérée une spirale en argent (même figure) : une autre semblable se trouvait à côté. C'étaient soit des pendants d'oreille, soit plutôt des attaches pour maintenir les boucles de la chevelure[4], des cigales (*tettiges*), comme on les appelait en Grèce, probablement à cause du bruit rauque que ces ornements faisaient en s'entrechoquant[5]. Il y avait déjà près de deux cents ans qu'on n'en portait plus dans les pays grecs ; les dames de Gunugu restaient, il faut le croire, plus fidèles aux vieilles modes.

Un troisième bracelet, simple ruban métallique, a été découvert dans un autre tombeau. Nous avons aussi recueilli trois bagues, deux en bronze et une en argent, d'un type fort commun.

1. Longueur, 0m,04.

2. Voir Reinach, dans le *Dictionnaire des antiquités*, article *Fibula*, p. 1108, fig. 3005.

3. Deux fibules semblables sont dans la collection Farges (Besnier et Blanchet, *Collection Farges*, pl. X, fig. 4) ; elles ont été découvertes à Tébessa. — Dans le sud de l'Espagne, pays soumis aux Carthaginois, on a trouvé également des fibules du type de la Tène, quoique d'une forme un peu différente des nôtres, et plus ancienne (*Revue archéologique*, 1899, II, fig. à la p. 279 et à la p. 154). Une fibule de Carthage offre un type encore plus ancien, dont celui de la Tène paraît dériver (*Mémoires des Antiquaires de France*, LVI, p. 333, fig. 52).

4. Gsell, *Fouilles de Vulci*, p. 289 et suiv. Studniczka, dans le *Jahrbuch des archäologischen Instituts*, XI, 1896, p. 285 et suiv.

5. Lechat, dans la *Revue des Universités du Midi*, I, 1899, p. 19-22.

Les miroirs étaient beaucoup plus nombreux, et plusieurs sont encore bien conservés. Ils sont en bronze et ont la forme d'un disque ou d'un rectangle. Ils présentent d'ordinaire un œillet, dans lequel était jadis introduit un petit tenon, qui servait à fixer le manche en bois.

Des coquilles marines ou patelles se rencontrent dans la plupart des chambres funéraires. Le plus souvent, elles sont encore remplies de minium, couleur employée comme fard [1]. M. de Cardaillac signale aussi des pinces épilatoires [2].

Nous n'avons pas trouvé d'objets en pâte de verre. Au cours de leurs fouilles, MM. Gauckler et Wierzejski ont découvert quelques perles de collier et quelques amulettes en cette matière [3]. Une de nos tombes [4] contenait plusieurs perles en os, débris d'un collier.

Il n'y avait dans ces caveaux aucune monnaie : M. Gauckler a fait la même constatation [5].

De quelle époque datent les sépultures que nous avons ouvertes ? Nous avons dit que chacune d'elles renfermait un certain nombre de morts. Il est donc probable qu'elles ont servi pendant un temps assez long. Les vases à figures rouges paraissent appartenir à la fin du ive siècle; les poteries vernissées d'importation italique sont plus récentes. Mais je ne vois rien dans le mobilier funéraire qui nous oblige à croire qu'on ait fait des ensevelissements dans ces

1. Conf. Du Rieux, *C. r. Acad. Inscript.*, 1887, p. 245 ; Cardaillac, *l. c.*, p. 257. Le P. Delattre a publié une patelle à fard, découverte à Carthage, (*La nécropole punique voisine de la colline de Sainte-Monique*, premier mois des fouilles, p. 15, fig. 28). A Collo, M. Hélo a trouvé des quantités plus ou moins grandes de fard dans presque toutes les tombes qu'il a fouillées (*Bull. arch. Comité*, 1895, p. 350).

2. *L. c*, p. 257.

3. Gauckler, *Musée de Cherchel*, p. 73. Conf. Cardaillac, *l. c.*, p. 256. Des découvertes semblables ont été faites à Collo : *Bull. arch. Comité*, 1895, p. 357, 358, 360, 363, 366. — M. de Cardaillac mentionne aussi des fioles de verre.

4. La tombe n° 2.

5. *L. c.*, p. 73. M. de Cardaillac (p. 260) parle seulement d'une monnaie numidique (pour les monnaies romaines qu'il signale, voir plus loin).

caveaux à une époque postérieure au ne siècle avant notre ère [1].

D'une manière générale, le cimetière étudié par MM. de Cardaillac, Gauckler et Wierzejski semble être un peu moins ancien. Si les formes des tombes sont les mêmes, si l'on y trouve les mêmes types de poteries puniques et les mêmes céramiques étrangères à vernis noir, les vases à figures peintes y font défaut. Je croirais volontiers que les caveaux de ce second cimetière ont été creusés au cours du iiie et du ne siècle. Quelques-uns d'entre eux ont peut-être été remployés beaucoup plus tard [2].

On voit par ce qui précède que nos fouilles trop courtes de Gouraya ne nous ont pas donné d'objets bien précieux. Les habitants de Gugunu, du moins ceux dont on a exploré les tombes, n'étaient sans doute point des gens très fortunés. Cependant, si je ne me trompe, ces trouvailles offrent un certain intérêt, parce qu'elles nous font un peu connaître l'état matériel d'une colonie carthaginoise entre les années 300 et 150 environ avant Jésus-Christ [3]. La civilisation phénicienne s'y était fortement implantée, et pourtant elle n'avait pas tout à fait exclu les mœurs indigènes : l'étude des rites funéraires et de cer-

1. La tombe n° 2 (fig. 2 et pl. 1) est probablement la plus récente. Les lampes de type grec que nous y avons trouvées ne sont pas, je crois, antérieures au ne siècle.

2. M. Du Rieux (*l. c.*, p. 245) mentionne une assiette avec la signature latine CIRNI et des lampes chrétiennes; M. de Cardaillac (*l. c.*, p. 260), des monnaies du Haut-Empire et du ive siècle de notre ère. Mais est-il absolument certain que ces objets aient été découverts dans des hypogées phéniciens, et non dans des tombes romaines creusées à côté et au-dessus?

3. On sait que Carthage fut détruite en 146. Ce fut donc à cette époque, au plus tard, que les colonies phéniciennes du littoral algérien tombèrent sous la domination numide. Mais il est possible qu'une partie au moins d'entre elles aient été annexées plus tôt aux royaumes indigènes. En tout cas, Siga, que le périple de Scylax cite vers 335 comme une ville carthaginoise, appartenait en 206 à Syphax, rois des Masésyliens (Strabon, XVII, 3, 9; Pline, V, 19; Tite Live, XXVIII, 17). Peut-être Carthage perdit-elle ses droits de suzeraineté sur toutes ses colonies de Numidie et de Maurétanie à la fin de la seconde guerre punique, en 201.

taines poteries nous l'a montré. Des navires, venus probablement de Carthage, apportaient à Gunugu un grand
nombre de produits étrangers : c'étaient ceux que l'on fabriquait en Italie, d'après les traditions artistiques et in-
dustrielles des Grecs, qui obtenaient le plus de faveur.
Mais, dans les centres phéniciens, on continuait à faire des
poteries grossières, qui se vendaient beaucoup.

Les caveaux de Gouraya ne sont pas les seules sépultures puniques que l'on ait découvertes sur la côte algérienne. Nous avons déjà eu plusieurs fois l'occasion de
mentionner la nécropole phénicienne de *Chullu*, aujour-
d'hui Collo. Cette ville avait acquis, semble-t-il, une cer-
taine importance par ses fabriques d'étoffes de pourpre,
qui étaient renommées [1]. Des trouvailles fortuites, puis des
fouilles méthodiques, faites il y a quelques années par
M. Hélo, y ont mis au jour des tombeaux qui paraissent
avoir été creusés pour la plupart entre la fin du $\mathrm{III}^e$ siècle
et le commencement du $\mathrm{I}^{er}$ [2].

Les chambres ont été taillées dans les flancs d'un coteau.
Le tuf étant assez tendre, elles sont en général fort mal
conservées. Elles mesurent 2-3 mètres de long, $1^m,60$-$1^m,80$
de large ; la hauteur varie de $1^m,50$ à 2 mètres. Les portes
sont étroites et basses ; des murs en moellons ou en
briques les fermaient. Elles ne sont pas précédées d'un
puits, comme à Gouraya : on y accédait par un couloir,
large d'environ un mètre, à ciel ouvert et d'ordinaire en
pente [3]. Souvent, il y a deux salles, disposées à la suite

1. Solin, XXVI, 1.

2. Sur la nécropole phénicienne de Collo, voir Doublet et Gauckler, *Musée
de Constantine*, p. 62-63, 108-109 ; Hélo, dans le *Bull. arch. du Comité*, 1895,
p. 343-368 : Gsell, dans les *Mélanges de l'École de Rome*, XVI, 1896, p. 452 ;
XVIII, 1898, p. 82 ; Le même, *Monuments antiques de l'Algérie*, I, p. 58-60 ;
Besnier et Blanchet, *Collection Farges*, p. 11-12 et 21. — Nous renvoyons au
travail de M. Hélo pour l'étude détaillée de ces tombes.

3. La disposition du terrain, très incliné, se prêtait beaucoup mieux à l'é-
tablissement de couloirs que de puits rectangulaires.

— 43 —

l'une de l'autre et communiquant par une petite baie. Un
certain nombre d'entre elles offrent des banquettes, planes
ou creusées d'une cuve. Les niches sont très rares. Voir

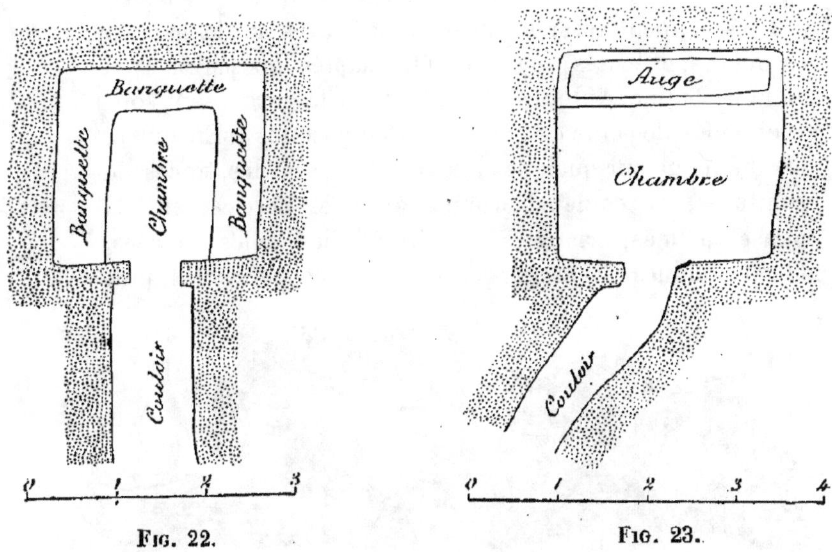



Fig. 22.    Fig. 23.

les plans de trois hypogées figures 22-24. Auprès de ces
caveaux, on a trouvé deux simples fosses, taillées dans le
tuf[1]. Les rites funéraires étaient les mêmes qu'à Gouraya

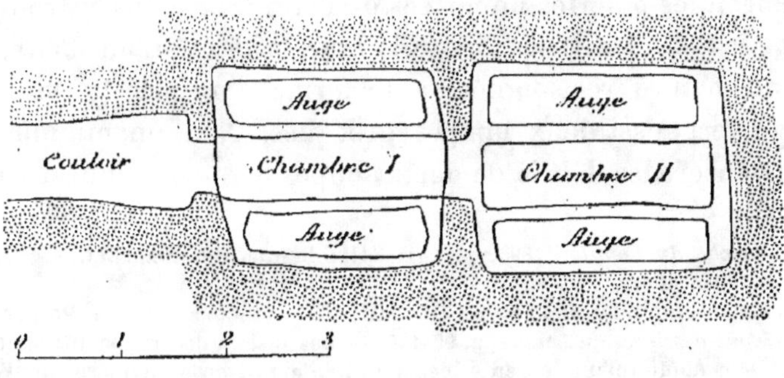



Fig. 24.

et les poteries puniques sont en général semblables (voir
fig. 25-26). Cependant, on a recueilli à Collo des aiguières
d'un type particulier[2], dont la décoration rappelle des vases

1. D'autres tombes paraissent plus récentes. Un toit en tuiles y abrite
une urne contenant des ossements, calcinés ou dans leur état naturel.

2. Hautes de $0^m,25$ à $0^m,35$. Voir Doublet et Gauckler, *l. c.*, pl. XII, fig. 1-3 ;

découverts dans l'île de Chypre[1]. Elles présentent sur le goulot
une tête de femme assez grossièrement modelée ; des seins,
et fréquemment aussi des bras, sont figurés sur la panse :
ces motifs, exécutés à part, ont été adaptés aux parois avec
de la barbotine. Autour de la tête et sur la gorge, sont souvent collés de petits disques ornés de rosettes[2]. En outre,
on distingue sur quelques uns de ces vases des traces de
peintures, de couleur brune : zones et cercles, sur la
panse ; palmes, triangles remplis de diagonales croisées,
filets obliques, à la gorge. Ce sont peut-être les plus

Fig. 25.

curieux produits de la céramique punique qui nous soient
parvenus (fig. 27).

Parmi les poteries importées de l'étranger, nous retrouvons à Collo les vases à vernis noir brillant. L'un d'eux,
d'une facture très soignée, a la forme d'un pied[3]. On a
découvert aussi deux lampes grecques. Nous mentionnerons encore les débris de deux coupes hémisphériques, en

*Bull. arch. du Comité*, 1895, pl. XII-XIII ; Besnier et Blanchet, *l. c.*,
pl. IV, fig. 6 et 8.

1. Perrot et Chipiez, *Histoire de l'art*, III, pl. IV et p. 696, fig. 504. Pottier,
*Catalogue des vases du Louvre*, p. 99-100. — Des vases à décoration analogue
n'ont sans doute qu'une parenté bien plus lointaine avec les aiguières puniques dont nous parlons : vase de Ruvo (Undset, *Zeitschrift für Ethnologie*,
XXII, 1890, p. 141) ; vases en terre noire de Chiusi, en Étrurie, des vie-ve siècles ; vases fabriqués dans la région de Worms à l'époque romaine.

2. Conf. plus haut, p. 34, au sujet du réchaud trouvé à Gouraya.

3. Doublet et Gauckler, *l. c.*, pl. XII, fig. 4.

terre bistre fine, à parois très minces ; elles sont rehaussées à l'extérieur d'ornements forts élégants, obtenus à
l'aide d'un moule : grande rosace occupant le fond du vase

Fig. 26.

et, au dessus, rangées d'imbrications, feuilles d'acanthe et
de laurier, palmettes montées sur de hautes tiges, tresse [1].
Le tout était revêtu d'un léger enduit rouge. Ces coupes
appartiennent à la série des céramiques que les archéo-

Fig. 27.

logues appellent coupes de Mégare. On en fabriquait en
Grèce et aussi en Italie ; certaines d'entre elles, trouvées
dans cette dernière contrée, portent des signatures en latin :
la plus fréquente est celle d'un Popilius, qui, vers la fin du

1. Conf. *Bull. arch. Comité*, 1895, p. 365.

iii° siècle ou le début du ii°, avait des ateliers à Mena-
via et à Ocriculum, en Ombrie[1]. Il est probable que les
coupes de Collo, qui ressemblent beaucoup à celles de Popilius, proviennent d'Italie, et non de Grèce.

Nous n'avons pas recueilli de figurines en terre cuite à
Gouraya[2]. On en signale deux seulement à Collo : l'une
représente un homme barbu, l'autre une Aphrodite, tenant
une colombe[3]. Ces statuettes sont assez nombreuses dans
les tombes les plus récentes de la Carthage punique[4] : ce
sont des produits grecs, peut-être importés de Cyrénaïque,
ou bien des imitations assez maladroites, fabriquées sans
doute à Carthage même. Les fouilles de Collo ont aussi
donné plusieurs fioles polychromes en verre, d'un joli travail[5] : on sait que, pour cette industrie, les Grecs et les
Romains regardaient les Phéniciens comme des maîtres.

Il y avait des monnaies de bronze dans ces sépultures de
Chullu : les unes sont des pièces carthaginoises de basse
époque, les autres portent des effigies de rois numides, du
ii° siècle avant notre ère.

Le lieu où s'élève aujourd'hui Philippeville fut occupé
jadis par la ville punique de *Rusicade*[6], qui devint à l'époque

---

1. Voir Siebourg, dans les *Römische Mittheilungen des archäologischen
Instituts*, XII, 1897, p. 40-55 ; Hartwig, *ibid.* XIII, 1898, p. 399-408.

2. M. Gauckler (*Musée de Cherchel*, p. 75-76) publie une figurine très
grossière, représentant peut-être la déesse Astarté. Elle a été trouvée à
Gouraya ; on ne dit pas qu'elle soit sortie d'un tombeau.

3. *Bull. arch. Comité*, 1895, fig. à la p. 356.

4. Voir, par exemple, *C. r. Acad. Inscriptions*, 1899, planches aux pages
312 et 313 ; *Musée Lavigerie*, I, pl. XVI-XVII.

5. Doublet et Gauckler, *l. c.*, pl. XIII, fig. 6. *Bull. arch. Comité*, 1895,
p. 355.

6. Ce nom est phénicien. Le nom, également phénicien de *Thapsa*, ou
plutôt *Thapsus* (passage), paraît bien s'être appliqué à la ville établie à cet
endroit (Périple de Scylax. § 111 ; Tite-Live, XXIX, 30). Peut-être le nom
de *Rusicade*, dans lequel entre le mot phénicien *rus* (= cap), fut-il donné
d'abord au promontoire qui abritait la ville et que les Arabes appellent encore aujourd'hui Ras Skikda. Plus tard, il aurait été appliqué à la ville
même et aurait relégué dans l'oubli le nom primitif de Thapsus (voir Gsell
et Bertrand, *Musée de Philippeville*, p. 68, n. 3).

romaine une colonie très florissante. On n'y a découvert
jusqu'à présent qu'un seul hypogée phénicien, creusé dans
la colline qui porte l'hôpital militaire. Comme plusieurs
tombes de Collo, il se compose de deux chambres se fai-
sant suite; elles ont l'une et l'autre deux niches latérales.
La seconde chambre contenait un cercueil en plomb. On
a aussi tiré de cette sépulture quelques vases en verre, un
pot en argile fine, enfin huit mufles de lion en bronze,
quatre grands (diamètre 0ᵐ,235) et quatre petits[1], qui ont
dû servir d'appliques à des coffres en bois, renfermant
peut-être des ossements. Des mufles semblables, mais bien
plus grands, ont été recueillis dans des caveaux de la Phénicie propre, où ils décoraient des cercueils[2]. Le mobilier
funéraire de cette tombe de Philippeville, fouillée en 1845,
a été dispersé et nous ne le connaissons plus que par des
dessins de l'archéologue Delamare[3].

Djidjelli s'appelait dans l'antiquité *Igilgili*, nom qui ne
semble pas sémitique[4]. Les Phéniciens durent pourtant
occuper ce lieu, débouché d'une contrée montagneuse, très
propre à l'élevage du bétail et riche en mines. On y voit,
sur le bord de la mer et à l'ouest de l'emplacement de la
ville romaine, un assez grand nombre de tombeaux de type
punique. Les uns sont des caveaux[5]; d'ordinaire, ils sont
précédés de puits rectangulaires[6], dont quelques-uns

1. Le diamètre de ces objets n'est pas indiqué.
2. Perrot et Chipiez, *Histoire de l'art*, III, p. 193 et suiv., fig. 137.
3. *Exploration scientifique de l'Algérie, Archéologie*, pl. XXXII, fig. 10-20,
et annotations accompagnant les dessins originaux, qui sont conservés au
Louvre.
4. Quoi qu'en pense Movers, *Die Phönizier*, II, 2, p. 517.
5. Delamare, pl. XIII, fig. 1-6. Ces caveaux se trouvent à la Pointe Noire,
à deux kilomètres de Djidjelli. D'autres sont situés beaucoup plus près de
la ville : Duprat, *Recueil de Constantine*, XXV, 1888-9, p. 398-399, pl. II,
fig. 18-21. Conf. encore Delamare, pl. XIII, fig. 7 (caveau du rocher Picouleau).
6. Ces puits mesurent 2ᵐ-2ᵐ,50 de long, 0ᵐ,60-1mètre de large. — Quelques
caveaux sont précédés d'un petit couloir à ciel ouvert. Un autre (notre fig. 28,
à droite), creusé dans un rocher aux parois verticales, n'a ni couloir, ni
puits : la porte s'ouvre directement sur le dehors.

montrent encore des vestiges d'un escalier, établi sur un des petits côtés[1]. L'hypogée ne comprend qu'une seule chambre; elle est assez exiguë : en moyenne 2 mètres de long sur 1$^m$,60 de large[2]. Elle était fermée par une dalle appliquée contre la paroi du puits ou emboîtée dans des feuillures. Voir figure 28, le plan de deux de ces caveaux[3]. Les autres sépultures consistent en de simples fosses creusées dans le roc[4]. Tantôt elles sont rectangulaires ; tantôt

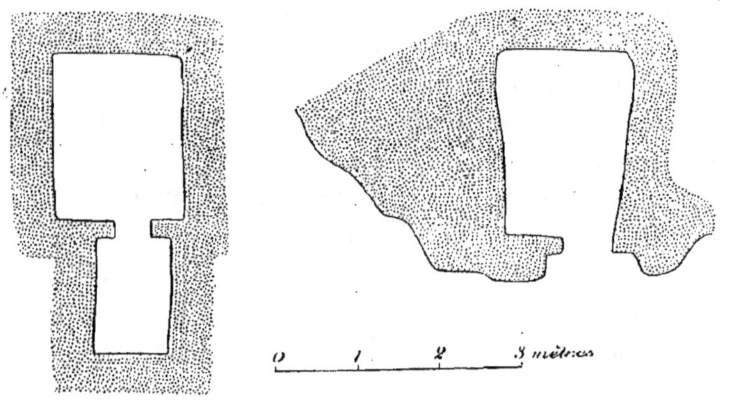


Fig. 28.

l'extrémité qui recevait la tête du mort est arrondie (il en est quelquefois de même de l'extrémité opposée) ; tantôt,

1. La plupart des puits n'avaient certainement pas d'escalier. — On trouve des degrés dans certains puits de la nécropole liby-phénicienne d'El Alia, sur la côte orientale de la Tunisie (*Bull. arch. Comité*, 1898, p. 350).

2. Dans plusieurs de ces chambres, le plafond est mis en communication avec la surface du sol par de petits soupiraux cylindriques (voir Delamare, pl. XII, fig. 4-6) : ce ne sont pas des conduits pour introduire des libations, mais de simples trous de sonde, que l'on avait pratiqués, avant de creuser la tombe, pour éprouver la qualité du roc (Conf. Perrot et Chipiez, *l. c.*, p. 171-172). M. de Cardaillac a constaté l'existence de soupiraux semblables à Gouraya (*l. c.*, p. 258).

3. D'après mes relevés. Pour le plan de droite, conf. Duprat, *l. c.* pl. II, fig. 18.

4. Guyon, *Voyage d'Alger aux Ziban*, p. 18. Delamare, *l. c.*, pl. XIII, fig. 7-11 (fosses du rocher Picouleau : on en voit une cinquantaine à cet endroit; elles forment souvent des groupes de trois, quatre, cinq tombes). Duprat, *l. c.*, p. 396-398, pl. I et II, fig. 1-17.

enfin, on a pratiqué, du côté de la tête, une sorte de logette circulaire, et la fosse est beaucoup plus large à la hauteur des épaules qu'à la place des pieds : la tombe se modèle ainsi sur la forme du corps humain[1] et ressemble aux sarcophages dits anthropoïdes qui ont été découverts dans différents pays phéniciens : sur les côtes de la Syrie, à Chypre, à Malte, à Gozzo, en Sicile, en Sardaigne, en Espagne[2]. Autour des bords, des encastrements sont taillés pour recevoir les dalles de fermeture.

Il est malheureusement fort difficile de dater ces divers tombeaux de Djidjelli, car ils sont depuis longtemps ouverts et ne contiennent plus aucun mobilier. Il se peut qu'une partie au moins d'entre eux ne soient pas antérieurs à l'époque romaine. En tout cas, par leurs dispositions, ils représentent fidèlement les traditions funéraires puniques.

Avant le roi Juba II, *Caesarea* (Cherchel) s'appelait *Iol*, nom probablement phénicien[3]. Des monuments[4] et des inscriptions[5] puniques y ont été trouvés. On n'y connaît pas encore de sépultures remontant à l'époque où Iol était une ville tributaire de Carthage[6]. Cependant quelques tombes

1. Perrot et Chipiez, *l. c.*, p. 177 et suiv. *Bull. arch. du Comité*, 1890, pl. XXIV (sarcophage de Cadix).

2. Sur cette forme de sépulture, voir Gsell, *Bull. arch. Comité*, 1899, p. 448, n. 7. Conf. Letourneux, *Archiv für Anthropologie*, II, 1867, p. 316, et Reboud, *Recueil de Constantine*, XX, 1879-80, p. 212.

3. Voir Lenormant, *Gazette archéologique*, 1876, p. 127. Le périple de Scylax indique Iol comme une ville appartenant aux Carthaginois (§ 111).

4. Gauckler, *Musée de Cherchel*, p. 87-88, 90 ; pl. II, fig. 2, 3 et 5.

5. Gauckler, *l. c.*, p. 88-89, pl. II, fig. 4 (stèle votive). — *Revue archéologique*, XVI, 1859, p. 167 ; Gauckler, *l. c.*, p. 13 ; Berger, *Musée Lavigerie*, I, p. 208 (cymbale de bronze). — *Revue d'assyriologie et d'archéologie orientale*, II, 1888, p. 35-46 (inscription en l'honneur de Micipsa). — Voir aussi la note suivante.

6. Les deux ossuaires en plomb du Musée de Cherchel, publiés par M. Gauckler (*l. c.*, p. 67-69), se rattachent à l'art punique, mais il est malaisé de les dater : peut-être ne sont-ils pas antérieurs à l'ère chrétienne. — Une inscription néo-punique trouvée à Cherchel semble être l'épitaphe d'une vieille femme ; à vrai dire, on n'y comprend à peu près rien : voir les interprétations fort divergentes données par Derenbourg (*C. r. Acad. Inscriptions*, 1875, p. 259-266), par Euting (*Zeitschrift der deutschen mor-*

de cette période ont pu être mises au jour par hasard, sans qu'on ait pris soin de les signaler. C'est vraisemblablement d'un caveau punique que provient un curieux fragment de sculpture, qui représente une tête d'homme barbu ; il paraît avoir appartenu au couvercle d'un sarcophage anthropoïde[1].

Il existe des fosses et des caveaux creusés dans le roc sur quelques autres points du littoral de l'Algérie : à Bougie[2], à Dellys[3], à Tigzirt[4], à Tipasa[5], à Ténès[6], à Fornaka[7]. Nous nous contenterons de les mentionner ici, car ces tombes sont de l'époque romaine. Elles attestent seulement la longue persistance de la civilisation punique sur les côtes de la Méditerranée.

A l'intérieur du pays, les indigènes et, plus tard, les Romains adoptèrent certaines formes de sépultures de type phénicien : fosses et chambres taillées dans le roc, mausolées carrés à faîte pyramidal[8]. L'usage, si répandu en Numidie et en Maurétanie, de surmonter les tombes de cippes demi-cylindriques (*cupulae*)[9] est aussi d'origine orientale : des cippes analogues se rencontrent en Palestine[10] et on en

---

*genländischen Gesellschaft*, XXX, 1876, p. 284-287) et par Blau (*ibid.*. p. 738-741). Elle est postérieure à la chute de Carthage.

1. Au Musée de Cherchel. Nous le publierons ailleurs.

2. *Revue archéologique*, VIII, 1851-2, p. 574. Delamare, *l. c.*, pl. V, fig. 5-8. Une de ces tombes présente une inscription latine.

3. Gsell, *Monuments antiques de l'Algérie*, II, p. 40-41, n. 5.

4. Gavault, *Étude sur les ruines romaines de Tigzirt*, p. 111. Tombes récemment découvertes au sud-ouest du village français, dans un cimetière romain.

5. *Mélanges de l'École de Rome*, XIV, 1894, p. 378 et 392-396 (tombes du IVe et du Ve siècles de notre ère). Un mausolée de Tipasa, coiffé d'une pyramide pleine, semble être aussi de tradition punique (*ibid.*, p. 354).

6. *Revue africaine*, II, 1857-8, p. 100. Gsell, *Monuments antiques*, II, p. 409. Plusieurs autres caveaux ont été fouillés dernièrement par M. Pacqueteau : je les crois de l'époque chrétienne.

7. *Bull. arch. Comité*, 1885, p. 334. Ces tombes me paraissent romaines.

8. Renan, *Mission de Phénicie*, p. 851 (addition à la p. 80). Gsell, *l. c.*, II, p. 58.

9. Gsell, *l. c.*, II, p. 46-47.

10. Voir Saladin, *Archives des Missions*, IIIe série, t. XIII, p. 11.

a trouvé récemment plusieurs dans un cimetière punique de Carthage[1]. Mais ce n'est pas ici le lieu d'étudier la question si complexe des influences phéniciennes dans les régions de l'Afrique septentrionale qui ne furent pas soumises à la domination directe de Carthage[2].

1. *C. r. Acad. Inscriptions*, 1899, p. 309. — L'usage des stèles funéraires paraît aussi avoir été introduit dans le Maghreb par les Phéniciens.

2. Voir, à ce sujet, quelques observations de Gsell, *L'Algérie dans l'antiquité*, p. 16-19 et *Monuments antiques*, I, p. 60 et suiv.

ANGERS. — IMPRIMERIE ORIENTALE A. BURDIN ET Cie.

www.ingramcontent.com/pod-product-compliance
Lightning Source LLC
Chambersburg PA
CBHW061319060726
47596CB00003B/975